NICOLE KOLISCH

Glutenfrei

GENIESSEN TROTZ UNVERTRÄGLICHKEIT

Bildnachweis:

MEV: Seite 8, 23
Peter Barci: Coverbild, Seite 71, 73, 83, 87, 101, 109, 110, 119, 123
Clemens Waldherr: Seite 75, 76
Hubert Liebenberger: Seite 115
iStockphoto.com: alle restlichen Bilder

Impressum:

Autorin: Nicole Kolisch
Lektorat: Waltraud Wetzlmair-Zechner
Cover: Raimund Lhotak
Graphische Gestaltung: Beatrix Kutschera, www.atelier21.at
Technische Betreuung: Johann Kutschera, www.atelier21.at
Druck: General Druckerei GmbH, Ungarn

ISBN: 978-3-7088-0455-2

1. Auflage, Mai 2009

Die Informationen und Daten in diesem Buch
entsprechen dem Forschungsstand bei Redaktionsschluss.

Dank

Hertha Deutsch, Prof. Dr. Harald Vogelsang, Prof. Emmerich Berghofer,
Johann Pabst, Clemens Waldherr, Harald Havas, Manuela K.,
Anita Dimas (CH), Doris Schelling (DE)
(sowie Mirjam und Christoph)

Widmung

Für Harald,
eine lang überfällige Revanche...

und für Kiara & Milou,
kritische Testesserinnen

Inhalt

Vorwort von Stefan Gaggl

Glutenfrei LEBEN – Kein Problem!

In der Kindheit von Zeit zu Zeit heftige Bauchschmerzen, während der Pubertät intensive Akne, danach starker Juckreiz, besonders am Knie, Ellbogen, Kopf – immer wieder kombiniert mit Durchfall. Unzählige Untersuchungen, Allergietests, Umstellungen führten zu keiner Besserung. Erst eine Gastroskopie nach einem Unfall brachte die Ursache ans Tageslicht: *Zöliakie.*

Zu diesem Zeitpunkt bereitete ich mich auf die Paralympics in Athen vor. Ich war jedoch andauernd müde, meine Leistungsfähigkeit war am Boden, mein sportliches Ziel rückte aufgrund der gesundheitlichen Probleme in weite Ferne. Und dann noch eine Lebensmittelumstellung ...

Doch dank vieler Eigenschaften, die ich speziell im Sport hautnah kennengelernt habe – positiv nach vorne zu blicken, Disziplin, der Wille zu Veränderungen, ... – habe ich durch die glutenfreie Ernährung enorm an Lebensqualität gewonnen. Die Nährstoffe wurden nicht einfach durch den Körper „durchgewaschen", kein flaues Gefühl im Magen nach dem Essen, keine nächtlichen Kratzattacken usw. Schlussendlich konnte ich mich für die Spiele in Griechenland qualifizieren und erreichte zwei Mal das Finale!

Durch die Diagnose habe ich einen neuen und anderen Bezug zu Obst und Gemüse bekommen. Erstens ist beides weltweit erhältlich, zweitens frisch und drittens können Obst und Gemüse in x-verschiedenen Mahlzeiten verarbeitet werden. Außerdem sind von Monat zu Monat mehr glutenfreie Produkte erhältlich und diese werden auch immer „gschmackiger".

Auch auf meinen Reisen rund um den Erdball war es **nie** ein Problem, glutenfrei zu leben – irgendetwas gibt es immer!

JA, ein absolutes **Mehr an Lebensgefühl und Lebensfreude!**

Mit besten Grüßen
Stefan Gaggl

Der Kärntner Stefan Gaggl ist Leichtathlet in der Disziplin Sprint über 100 und 200 Meter. Er läuft mit einer Unterarmprothese. Neben zahlreichen Erfolgen im österreichischen und internationalen Behindertensport wurde er 2004 Fünfter bei den Paralympics in Athen.

Zöliakie – was nun?

Wenn Sie oder, was fast noch häufiger vorkommt, Ihr Kind gerade mit Zöliakie diagnostiziert worden sind, so hat Ihnen der behandelnde Arzt sicherlich erklärt, worum es sich handelt. Der erste – und sinnvollste – Schritt ist nun, sich an eine der Selbsthilfegruppen bzw. Patientenorganisationen zu wenden, die sich seit Jahren mit dem Thema befassen. Es gibt diese Organisationen in Deutschland, Österreich und der Schweiz (die entsprechenden Adressen finden Sie auf Seite 66). Dort erhalten Sie umfassende Informationen über Zöliakie, auch hinsichtlich der „Dos and Don'ts", die eine solche Erkrankung mit sich bringt. Ständig aktualisierte Informationen über Lebensmittel mitsamt Herstellerfirmen werden Ihnen helfen, sich beim Einkauf zu orientieren und sich an den neuen Alltag zu gewöhnen.

Aller Anfang ist (gar nicht so) schwer

Diskussionsforen im Internet bieten darüber hinaus eine gute Möglichkeit, sich mit anderen Betroffenen auszutauschen. Oft fällt es leichter, seine Befürchtungen und Sorgen zunächst in der Anonymität einer elektronischen Gemeinschaft auszudrücken. Oder sich fürs Erste auch einfach nur bedeckt im Hintergrund zu halten und nachzulesen, wie andere Menschen mit der Krankheit umgehen. Das gibt Kraft und kann gerade am Anfang eine wichtige Stütze sein.

Es sollte Ihnen aber immer klar sein, dass „am anderen Ende der Leitung" auch nur Menschen sitzen. Diese Menschen können sich irren, Fehler machen oder schlichtweg keine Ahnung haben, wovon sie reden. Soll auch schon mal vorgekommen sein ...

In medizinischen Belangen sind das Internet und seine mannigfaltigen *Communitys* keine vertrauenswürdige Quelle. Finger weg, wenn Ihnen jemand ein Medikament verkaufen will. Und gehen Sie auch mit wohlgemeinten Ratschlägen vorsichtig um. Im Zweifelsfall fragen Sie besser einen Arzt oder Diätologen. Oder – und das schreibe ich durchaus im Bewusstsein, dass Sie ein solches in der Hand halten: Konsultieren Sie ein Buch.

Das Problem mit Büchern ...

Eine ärztliche Anamnese oder umfassende diätologische Beratung kann nie durch ein Buch ersetzt werden. Ein Buch kann immer nur allgemeine Ratschläge geben und nie auf Ihre spezielle persönliche Situation eingehen. Abgesehen davon sind Bücher, das liegt in der Natur der Sache und gilt auch für das vorliegende, bei Redaktionsschluss abgeschlossen. Tagesaktuelle Studien und brandneue wissenschaftliche Erkenntnisse werden Sie daher in Büchern nicht finden. Hier ist das Internet, als derzeit schnellstes Medium, mit Sicherheit im Vorteil. Dennoch: Ziehen Sie im Zweifelsfall Informationen aus Büchern vor. Bevor ein Buch in Druck geht, wird es wieder und wieder gelesen und von unterschiedlichen Menschen korrigiert. Diese Garantie bietet Ihnen das Internet nicht.

Und dieses Buch?

Dieses Buch soll Ihnen einen ersten Überblick verschaffen über jene Themen, die bei Zöliakie eine Rolle spielen. Es versteht sich als Einstiegsinformation für Betroffene und Angehörige und soll Ihnen gleichzeitig zeigen, wie schmackhaft und genussvoll ein Leben ohne Gluten sein kann.

EINE ERKRANKUNG, VIELE NAMEN ...

Glutenunverträglichkeit hat viele Namen. Im Alltag wird sie am häufigsten als „Zöliakie" bezeichnet. Der medizinische Begriff lautet: „gluten-sensitive Enteropathie", wobei Enteropathie *Darmschädigung* bzw. *krankhafte Darmveränderung* bedeutet. Auch der Ausdruck „Einheimische (nichttropische) Sprue" wird verwendet, gilt aber inzwischen als ein bisschen veraltet.

Noch vor einiger Zeit bezeichnete der Name „Zöliakie" eine Kinderkrankheit. Wurde die Diagnose im Erwachsenenalter erstellt, sprachen die Ärzte von „Sprue". Inzwischen werden die Begriffe weitgehend synonym verwendet.

Die englischen Bezeichnungen lauten: *Celiac Disease, Coeliac Sprue* bzw. *Nontropical Sprue.*

Was ist Zöliakie?

Der Name Zöliakie leitet sich aus dem griechischen „koilia“ ab, das so viel bedeutet wie „Bauch“. Zöliakie ist eine lebenslange Unverträglichkeit von Klebereiweiß (Gluten), die sich als Dünndarmerkrankung manifestiert.

Unter Einhaltung der Diätvorschriften führen Zöliakie-Patienten allerdings ein ganz normales Leben. Ihr Dünndarm regeneriert sich und übt seine Funktion ebenso uneingeschränkt aus wie der Dünndarm eines Gesunden. Häufig wird Zöliakie deshalb nicht als „Erkrankung“, sondern als „Bereitschaft zu einer Erkrankung“ beschrieben.

Wer also durch konsequente Vermeidung der krankmachenden Substanz dem Darm erst gar keinen Grund liefert zu erkranken, ist – und das kann man gar nicht oft genug betonen – auch nicht krank.

Der Dünndarm und seine Funktion

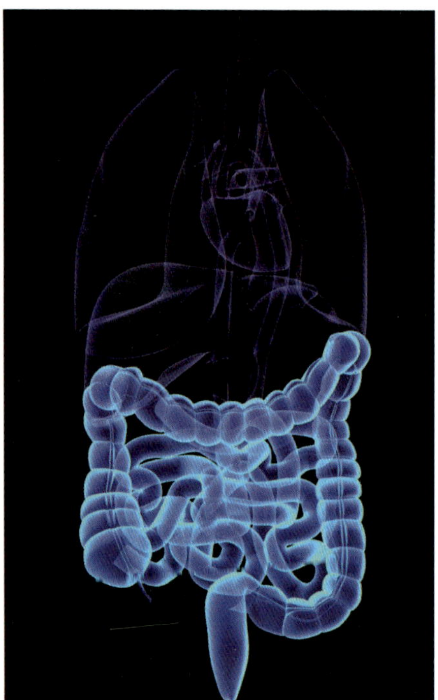

Der größte Teil der menschlichen Verdauungsarbeit findet im Dünndarm statt. Aus dem Magen gelangt der aufbereitete Nahrungsbrei in den Dünndarm und wird dort mit Hilfe der Muskulatur durch viele gewundene Darmschlingen weitertransportiert. Diese Muskelbewegungen (*Peristaltik*) helfen außerdem, die Nahrung zu durchmischen. Die Nährstoffe werden im Dünndarm aufbereitet, von der Darmwand resorbiert und dem Körper zur Verfügung gestellt. Darüber hinaus kommt dem Dünndarm noch die Aufgabe der Immunabwehr zu.

Mit etwa sechs Metern Länge ist der Dünndarm auch der längste Teil des Verdauungstraktes. Er setzt sich aus drei Teilen zusammen: Zwölffingerdarm, Krummdarm und Leerdarm.

Die Dünndarmschleimhaut

Das Innere des Dünndarms ist mit einer Schleimhaut ausgekleidet. Sie dichtet einerseits den Darm ab, damit keine Bakterien aus dem Inneren des Darms in das Körpergewebe und den Blutkreislauf gelangen, andererseits nimmt sie die lebenswichtigen Nahrungsbausteine und Wasser aus dem Speisebrei auf und verarbeitet sie weiter. Mittels der stark durchbluteten Darmzotten werden die Nährstoffe ins Blut aufgenommen.

Was sind Zotten?

Um ihrer Aufgabe gerecht werden zu können, ist die Oberfläche der Darmschleimhaut stark vergrößert. Falten sowie Darmzotten und Mikrovilli, die auf diesen Falten sitzen, sorgen für diese Oberflächenvergrößerung, sodass der Dünndarm letztendlich eine Resorptionsoberfläche bietet, die – würde man sie „ausrollen" bzw. aufspannen – das Dreißigfache der Körperoberfläche ausmacht.

Bedenkt man, wie viel Verdauungsarbeit der Darm leisten muss, wie viele wichtigen Nahrungsbestandteile hier tagein, tagaus „verstoffwechselt" werden, um den Körper gesund und fit zu erhalten, so ist leicht zu verstehen, welche Bedeutung den Darmzotten zukommt. Und man versteht auch, wie verheerend sich eine Abflachung oder gar der gänzliche Abbau dieser Darmzotten auf die Versorgungslage des Körpers auswirkt.

Zöliakie = Autoimmunerkrankung

Zöliakie ist eine sogenannte *Autoimmunerkrankung*. Das bedeutet, dass sich das Immunsystem gegen den eigenen Körper richtet. Autoimmunerkrankungen gibt es nicht nur im Bereich der Verdauung, sondern auch bei den Nervenerkrankungen, Gefäßerkrankungen, Hautkrankheiten u.v.m. Auch Krankheiten wie Multiple Sklerose und rheumatoide Arthritis zählen zu den Autoimmunerkrankungen.

Unser Immunsystem ist ständig damit beschäftigt, den Körper und etwaige Eindringlinge zu überprüfen und zwischen „Freund oder Feind" zu unterscheiden. Wird ein Feind identifiziert, schickt das Immunsystem seine Truppen an die gefährdete Stelle und entfacht dort eine Entzündung – so lange, bis der Feind besiegt ist. Eine Autoimmunerkrankung kann man daher als eine Art Irrtum oder Entgleisung des Immunsystems bezeichnen: Die Entscheidung zwischen „Feind und Freund", zwischen „eigener" und „fremder" Substanz wird falsch getroffen. Infolgedessen rücken die immunologischen Kampftruppen gegen körpereigene Strukturen aus.

Bei Zöliakie ist es die Zufuhr von Gluten, die eine solche fehlgeleitete Immunreaktion hervorruft. Durch die Reaktion von Gluten mit einem Enzym des Verdauungstrakts werden die T-Zellen aktiviert und auf den Plan gerufen. Die Abwehrreaktion nimmt ihren Lauf.

T-Zellen sind Teil des körpereigenen Abwehrsystems. Sie sind eine Gruppe von weißen Blutkörperchen, die den Körper schützen, indem sie Krankheitserreger erkennen und zerstören.

Der kranke Dünndarm

Die immunologische Reaktion des Körpers richtet sich – unter Einfluss von Gluten – gegen die Dünndarmschleimhaut. Es kommt zu Veränderungen, die Schleimhaut wird durchlässiger, die Zotten werden abgeflacht – bis zu ihrer vollständigen Zerstörung.

Das Wort **„Atrophie"** stammt aus dem Altgriechischen. Es bedeutet *Gewebsschwund*. Die Medizin kennt verschiedene Arten von Atrophien und höchst unterschiedliche Ursachen.
Zottenatrophie bezeichnet den Gewebsschwund der Dünndarmzotten. Bei der Diagnose wird zwischen verschiedenen Graden der Zottenatrophie unterschieden.

Das Fehlen der Zotten führt zu einer immensen Oberflächenverkleinerung der Darmschleimhaut. Man kann sich das in etwa so vorstellen: Der Verdauungsfabrik „Dünndarm" stehen nun nicht mehr riesige Fabrikhallen für ihre Arbeit zur Verfügung, sondern nur mehr ein kleines Zimmer. Unter diesen Umständen kann die Verdauungsarbeit aber nicht mehr zufriedenstellend verrichtet werden. Die Symptome der Zöliakie belegen das: Bauchbeschwerden, Blähungen, Gewichtsverlust, abnormer Stuhlgang sind Anzeichen, die direkt auf die Verdauungsproblematik verweisen. Andere Symptome sind nicht so eindeutig dechiffrierbar; sie sind Folgen der schlechten Nährstoffversorgung: Müdigkeit, Eisenmangel, Muskel- und Gelenksschmerzen, Krämpfe etc.

Die Zottenatrophie ist sicher das augenscheinlichste Charakteristikum der Zöliakie.

Auch bei der Diagnose (*siehe Seite 16*) spielt sie eine entscheidende Rolle. Sie ist aber nicht das einzige Merkmal der Krankheit. Es würde sicherlich zu weit führen, im Rahmen dieses Buches auf sämtliche medizinische Details einzugehen. Stellvertretend sei hier aber noch die **erhöhte Durchlässigkeit der Dünndarmschleimhaut** erwähnt.

Erhöhte Permeabilität (Durchlässigkeit) der Dünndarmschleimhaut führt dazu, dass der Darm nicht mehr gut „abgedichtet" ist. So können Stoffe aus dem Darminneren in die Darmwand gelangen. Aber auch die Bakterienflora, die in unterschiedlichen Regionen des Körpers unterschiedliche Zusammensetzungen hat, wird dadurch gestört.

Symptome der Zöliakie

Das Typische an einer Zöliakie ist, dass sie so „untypisch" auftritt. Zwar gibt es sie, die offensichtlichen Anzeichen, allesamt in Verbindung mit Verdauungs- und Bauchproblemen, tatsächlich treten sie aber nur bei einem Teil der Zöliakie-Patienten auf. Man spricht deshalb auch von einem „Eisbergphänomen": Viele Symptome sind schwach sichtbar oder so unspezifisch, dass sie zunächst einmal eine ganze Reihe von Ursachen vermuten lassen. (Viele Betroffene, die erst nach Jahren richtig diagnostiziert worden sind, können davon ein leidvolles Lied singen ...)

FOLGENDE SYMPTOME KÖNNEN AUF EINE ZÖLIAKIE HINDEUTEN:

- Bauchschmerzen
- Erbrechen
- Appetitlosigkeit
- Durchfall (aber auch Verstopfung!)
- Blähungen
- Abnorme (z. B. schaumige) Stühle
- Vorgewölbter, aufgeblähter Bauch und magere Extremitäten (Arme und Beine) (*bei Zöliakie-Kindern ist diese Physiognomie sehr auffällig*)
- Übellaunigkeit, Depression, Weinerlichkeit, Nervosität
- Müdigkeit

- Konzentrationsstörungen
- Eisenmangelanämie
- Vitamin-B-Mangelerscheinungen
- Folsäure-, Vitamin D-, Vitamin E-, Vitamin A- und Vitamin K-Mangel
- Juckende Bläschen auf der Haut (Dermatitis herpetiformis Duhring: *siehe Seite 27*)
- Knochen- und Muskelschmerzen
- Gelenksentzündungen
- Krämpfe
- Gedeih- und Wachstumsstörungen
- Gewichtsverlust
- Osteoporose bzw. Vorformen der Osteoporose (Minderung der Knochendichte)
- Defekte des Zahnschmelzes, Karies
- Entzündete, geschwollene Zunge (Glossitis)
- Atemwegsinfekte
- Unfruchtbarkeit, Fehlgeburten
- Blässe, fahle Haut
- Hämatomneigung (Neigung zu blauen Flecken)

Diagnose

Bis zur Diagnose kann es oft Jahre dauern. Die Anzahl der Zöliakie-Patienten, bei denen zunächst ganz andere Erkrankungen vermutet und therapiert wurden, ist leider Legion. Das betrifft vor allem Erwachsene, bei denen sich die Zöliakie oft „tarnt" und hinter vielen unterschiedlichen Symptomen versteckt. Bei Kindern, die das entsprechende körperliche Erscheinungsbild aufweisen (*siehe Seite 20*) und durch Wachstums- oder Gedeihstörungen beim Kinderarzt auffällig werden, kommt der Zöliakie-Verdacht schon eher auf.

Wie wird Zöliakie diagnostiziert?

Die einzige wirklich zuverlässige Diagnosemethode ist eine Dünndarmbiopsie. Sie steht daher im Zentrum der Zöliakie-Diagnostik und kann auch nicht durch die anderen Untersuchungen substituiert werden. Insgesamt setzt sich die Diagnose jedoch aus mehreren Puzzlestücken zusammen, die im Folgenden näher erläutert werden:

Die Anamnese

In einem Gespräch wird der Arzt oder die Ärztin zunächst die Vorgeschichte des Patienten in Bezug auf die vorliegenden Symptome und die vermutete Erkrankung ermitteln. Dazu zählen auch Informationen über den Gewichtsverlauf, eine Familienanamnese sowie andere Faktoren (z. B. Ermittlung des Body-Mass-Index).

Die Dünndarmbiopsie

Bei einer Biopsie wird dem Körper ein kleines Stück Gewebe entnommen und anschließend unter dem Mikroskop untersucht. Es gibt verschiedene Arten von Biopsien. Bei der Diagnose von Zöliakie kommen Saug- oder Zangenbiopsien zum Einsatz. Die benötigte Gewebeprobe wird dabei im Rahmen einer Magenspiegelung (Gastroskopie) entnommen: Zunächst wird ein Gastroskop durch den Mund in den Magen und den Zwölffingerdarm eingeführt. Das ist unangenehm, tut aber nicht weh. In der Regel wird der Arzt die Situation mit leichten Beruhigungsmitteln oder einem örtlichen Betäubungsspray für den Hals erträglicher machen. Bei Kindern wird die Untersuchung unter Narkose durchgeführt.

Das Gastroskop ist eine Art beweglicher Schlauch. Mit seiner Hilfe lässt sich einerseits ein Blick in den oberen Dünndarmbereich werfen. Andererseits wird durch den Schlauch eine Zange geschoben, die die Schleimhautprobe aus der Darmwand abzwickt. Nach der Untersuchung kann es vorkommen, dass man noch ein Kratzen bzw. leichte Schmerzen im Hals spürt. Das ist aber auch schon alles. Viele Betroffene beunruhigt der Gedanke an eine Dünndarmbiopsie. Tatsache ist, dass der Eingriff im Regelfall als weitaus „harmloser" erlebt wird als zuvor befürchtet. Vor allem dauert er kaum länger als 15 Minuten und ist daher recht rasch vorbei.

Auf keinen Fall sollten Sie Ihre Ernährung auf glutenfreie Kost umstellen, ehe eine gesicherte ärztliche Diagnose vorliegt! Abgesehen davon, dass die Umstellung mit großem organisatorischem und teilweise auch finanziellem Aufwand verbunden ist und es nicht ratsam ist, derart einschneidende Lebensveränderungen „auf gut Glück" auszuprobieren, kann ein solches Verhalten auch schwerwiegende medizinische Folgen haben: Es erschwert und verfälscht die Diagnose – manchmal bis zur Undiagnostizierbarkeit. Das kann letztlich nicht in Ihrem Interesse sein (selbst dann nicht, wenn Sie der Gedanke an eine Dünndarmbiopsie ein bisschen nervös macht).

Fünf Fragen an eine Betroffene

Manuela wurde vor ca. vier Jahren mit Zöliakie diagnostiziert.

Wann ist die Zöliakie bei Ihnen das erste Mal aufgefallen?
Grundsätzlich habe ich das schon mein ganzes Leben lang. Als Baby habe ich zwei Mal starken Brechdurchfall bekommen und keiner hat gewusst, warum. Meine Eltern haben versucht, mich aufzupäppeln; die Omi hat mir Polenta gekocht und das hat geholfen. Die allgemeine Vermutung war, dass es wohl eine Reaktion auf die Milch war ... Darüber hinaus habe ich mein Leben lang starken Eisenmangel gehabt, der sich auch nie durch Tabletten in den Griff bekommen ließ. Sonst hatte ich lange Zeit keine Symptome. Mit zwanzig hab ich allerdings wieder Durchfall bekommen – drei Monate lang! Da wurden – ich weiß nicht wie viele – Untersuchungen gemacht und ich wurde so gut es ging mit Vitaminen versorgt, weil ich sehr allgemeine Erscheinungen hatte, z. B. Krämpfe in den Fingern oder Hyperventilieren.

Wie kam es letztendlich zu einer Diagnose?
Nach der Geburt meines Sohnes sind diese Symptome wieder gekommen. Ich hatte – weil man beim Stillen ja keinen Kaffee trinken soll – einen Malzkaffee getrunken und sofort das Gefühl, dass mein Zustand von dem Malzkaffee herrührt. Gleichzeitig konnte ich mir aber nicht vorstellen, wieso ich so stark auf etwas derart „Harmloses“ reagiere. Schließlich wurde ich für Durchuntersuchungen ein paar Tage im Spital aufgenommen – dabei wurden Bluttests etc. gemacht und die Diagnose gestellt.

Wie haben Sie auf die Diagnose reagiert?
Die Diagnose war für mich erleichternd. Ich hab im Krankenhaus sofort Diätkost bekommen, spezielles glutenfreies Brot etc. – und nach zwei Tagen hat sich alles in meinem Körper erst einmal beruhigt. Die Umstellung habe ich nicht so schlimm empfunden, weil ich zuhause kaum mit Mehl koche. Die Erleichterung ist eindeutig im Vordergrund gestanden.

Wie hat sich Ihr Leben verändert?
Mein Leben ist teurer geworden, denn die glutenfreien Lebensmittel kosten deutlich mehr als die „normalen“ Sachen im Supermarkt. Wenn es bei uns zuhause Nudeln gibt, kochen wir deshalb z. B. zwei getrennte Sorten: Ich koche meine Nudeln in einem separaten Topf, denn es wäre einfach zu teuer, für die ganze Familie glutenfrei zu kochen. Aber das Leben hat sich in erster Linie verbessert, weil ich keine Beschwerden mehr habe. Heutzutage bekommt man auch überall glutenfreie Produkte, es ist alles gut gekennzeichnet, das macht es sicherlich leichter als noch vor ein paar Jahren. Wenn wir auf Urlaub fahren, nehme ich mir eben mein eigenes Brot mit.

Welchen Tipp haben Sie für andere Betroffene?
Am Anfang ist es auf jeden Fall gut, sich an die Arbeitsgemeinschaft Zöliakie zu wenden. Das hilft, sich erst einmal zu orientieren.

Der Antikörpertest

Kaum ein anderes Fachgebiet der Medizin kann auf derart gute Tests zurückgreifen wie die Zöliakie-Diagnose. Der Antikörpertest ist ein Bluttest, für den etwa 1 Milliliter Blutserum benötigt wird. Folgende Antikörper werden getestet: Endomysialen Antikörper (EMA) und Gewebs-Transglutaminase-Antikörper (tTG).

Des Weiteren können auch Antikörper gegen die eigentliche krankmachende Substanz, das Gliadin, getestet werden. Diese Anti-Gliadin-Antikörper (AGA) sind aber bei einem Teil der Patienten falsch. Anti-Gliadin-Antikörper findet man zum Beispiel auch bei Kuhmilcheiweißallergie bzw. manchmal sogar im Blutserum von Gesunden. Daher sind sie weniger gut zur Diagnose geeignet als EMA und tTG.

Noch differenzierter muss die Diagnose dann erfolgen, wenn ein genereller Mangel an IgA-Antikörpern vorliegt. Ein solcher Mangel kann nämlich auch ein Symptom bzw. eine Folge der Zöliakie sein und würde natürlich das Ergebnis verfälschen. In diesen Fällen wird im Labor nach einer anderen Klasse von Immunglobulinen, sogenannten IgG-Antikörpern, „gefahndet".

ACHTUNG!
DARMZOTTEN KÖNNEN AUCH BEI ANDEREN KRANKHEITEN VERÄNDERT SEIN.

Das komplette Fehlen der Darmzotten ist eher selten, aber eine Veränderung der Darmzotten kann auch bei anderen Erkrankungen auftreten. Daher lässt sich Zöliakie nur dann mit hundertprozentiger Sicherheit diagnostizieren, wenn beide Diagnoseverfahren – Darmbiopsie und Antikörpertest – zum Einsatz kommen.
Eine leichte Zottenatrophie kann beispielsweise auch durch Infektionen hervorgerufen werden. Vor allem im Kindesalter ist das häufiger der Fall. Auch eine Kuhmilchallergie kann bei Kindern zu veränderten Zotten führen. Bei Erwachsenen kennt man neben der Zöliakie auch noch die sogenannte „Tropische Sprue" als Ursache einer Atrophie. Die Krankheit kommt – wie der Name schon sagt – nur in den Tropen vor, ihre Entstehung ist noch unbekannt. Generell wird davon ausgegangen, dass es sich hierbei um eine Art Infektionskrankheit handelt, die den Dünndarm schädigt.
Auch bei schweren Entzündungen im Darmbereich, wie z. B. Morbus Crohn, zeigt eine Biopsie veränderte Zotten. Entscheidend für die Diagnose ist aber, dass all diese Erkrankungen nicht die typischen Antikörper einer Zöliakie produzieren: Antikörper wie EMA (Endomysial) oder tTG (Gewebs-Transglutaminase-Antikörper) kommen nur bei Zöliakie vor. Die Diagnose ist somit eindeutig, wenn sowohl Zottenatrophie als auch Antikörper gegeben sind.

Glutenbelastung

Früher wurden zur Bestätigung der Diagnose „Zöliakie“ drei Biopsien verlangt: eine zu Beginn (Normalkost), eine vor und eine nach neuerlicher Glutenbelastung. Davon hat man inzwischen Abstand genommen.

Eine bewusst herbeigeführte Glutenbelastung (etwa durch Glutenpulver) wird nur noch dann zur Diagnose herangezogen, wenn Patienten bereits einige Zeit unter glutenfreier Diät leben, ohne dass zuvor eine Biopsie durchgeführt wurde.

Permeabilitätstest

Ein Permeabilitätstest (Durchlässigkeitstest) ist ein nichtinvasiver Test, der Auskunft über etwaige Schädigungen der Dünndarmwand gibt. (Nichtinvasiv bedeutet, dass bei der Untersuchung kein medizinisches Gerät in den Körper eindringt.) Der Patient trinkt hierfür auf nüchternem Magen eine Zuckerlösung, bestehend aus drei verschiedenen Zuckerarten. Das schmeckt zwar eher scheußlich, ist aber generell ein sehr harmloses Untersuchungsverfahren. In den folgenden fünf Stunden wird der Harn des Patienten gesammelt und auf Zucker untersucht. Je nach Zuckergehalt im Harn lassen sich Rückschlüsse auf die Durchlässigkeit der Dünndarmschleimhaut ziehen. Solche Permeabilitätstests werden u. a. auch verwendet, um zu überprüfen, wie schnell sich der Darm unter glutenfreier Diät erholt, denn letztlich sollte durch die Therapie ja auch die Durchlässigkeit wieder abnehmen.

Bei Kindern: Vergleichswerte

Bei Kindern (*siehe Seite 62*) kommt der Zöliakie-Verdacht oft aufgrund von Wachstumsstörungen auf. Bei regelmäßigen Kontrollen durch den Kinderarzt (z. B. im Rahmen der empfohlenen Mutter-Kind-Pass-Untersuchungen) werden immer auch die Größe und das Gewicht des Kindes gemessen und mit den Normwerten für das jeweilige Alter verglichen. Kennt der Arzt das Kind schon länger, hat er darüber hinaus einen guten Überblick über den Wachstumsverlauf. Kommt es da zu Auffälligkeiten, werden auch Röntgenaufnahmen herangezogen, um einen Einblick in die Knochenentwicklung der kleinen Patienten zu bekommen.

Eindeutiges Ansprechen auf glutenfreie Diät **nach** erfolgter Diagnostik

Tritt nach Einhalten einer glutenfreien Ernährung eine sichtbare Besserung ein, kann das als eindeutige Bestätigung der Diagnose gesehen werden.

WUSSTEN SIE, DASS ...

... Frauen zwei- bis dreimal häufiger von Zöliakie betroffen sind als Männer?

Zöliakie oder Getreideallergie?

Es gibt etliche Leute, die Getreide nicht vertragen, die aber dennoch nicht an Zöliakie erkrankt sind. Diese Personen haben eine Getreideallergie.

Um eine Lebensmittel*allergie* von einer Lebensmittel*unverträglichkeit* zu unterscheiden, gibt es üblicherweise einen simplen Kniff: Man trifft die Unterscheidung anhand der Beteiligung des Immunsystems: Entstehen die Symptome aufgrund einer Immunreaktion, handelt es sich um eine Allergie. Lassen sich die Symptome auf den Stoffwechsel zurückführen – also ohne jegliche Beteiligung des Immunsystems – liegt eine Intoleranz vor.

Da bei Zöliakie sowohl Stoffwechsel als auch Immunsystem eine Rolle spielen, muss die Unterscheidung hier allerdings differenzierter erfolgen.

Bei einer Allergie wird die Immunreaktion mittels **Pricktest** oder **RAST** (Radio-Allergo-Sorbent-Test = Standard-Allergie-Test) ermittelt. Im Fall einer Getreideallergie spricht man

Fünf Fragen an den Spezialisten

Univ.-Prof. Dr. Harald Vogelsang ist Leiter der Spezialambulanz für Zöliakie im Wiener AKH

Was weiß man über die genetischen Ursachen der Zöliakie?
Es gibt einzelne Gene, die in diesem Zusammenhang schon entdeckt sind, aber es gibt keinen wirklichen Gentest für Zöliakie. Alles, was man sicher kennt, ist eine Verbindung mit HLA-DQ2 und HLA-DQ8 (Humanes Leukozyten-Antigen – *Anm.*). Diese speziellen Antigene kommen bei 95 % der Zöliakie-Patienten vor – allerdings auch bei 30 % der gesunden Testpersonen. Wenn ein Patient HLA-DQ8 bzw. HLA-DQ2 positiv ist, dann ist Zöliakie prinzipiell möglich, umgekehrt zu 95 % wahrscheinlich. Werden im Rahmen einer Untersuchung in Folge auch noch positive Antikörper entdeckt, dann ist es schon sehr wahrscheinlich.

Warum wird Zöliakie oft so spät erkannt?
Das hat zwei Ursachen. Zum einen haben 60 % der Zöliakie-Patienten lange Zeit keine typischen Bauchbeschwerden, sodass der Verdacht auf Zöliakie zunächst gar nicht aufkommt und man die Erkrankung erst wegen Eisenmangelanämie oder Komplikationen etc. entdeckt. Der zweite Grund ist der schlechte Bekanntheitsgrad der Krankheit. Früher war Zöliakie – auch bei Ärzten – nur als Kindererkrankung geläufig. Dass sie auch im Erwachsenenalter zu finden ist und wesentlich häufiger (ca. 1 – 2 % der Bevölkerung) als angenommen, das wird erst langsam bekannt.

Heute weiß man, dass Zöliakie oft erst zwischen dem 30. und 40. Lebensjahr auftritt ...
Ja. Es gibt Leute, die in der Kindheit sicher keine Beschwerden hatten und es gibt auch Untersuchungen, die zeigen, dass einige davon früher auch keine Zottenatrophie hatten. Die Zottenatrophie kann sich auch erst im Erwachsenenalter entwickeln.

Woran liegt dieses späte Auftreten der Krankheit?
Die Entwicklung dürfte in diesen Fällen ein mehrstufiger Mechanismus sein: Zunächst erfolgt eine gewisse Sensibilisierung, wenn in der Kindheit das erste Mal Gluten – also Mehle – zugeführt werden. Dabei muss aber noch lange keine Erkrankung entstehen. Irgendwann bilden sich durch den Kontakt mit diesen Mehlen Antikörper. Aber vermutlich braucht es noch einen letzten „Kick", damit bei den Betroffenen wirklich die Zöliakie entsteht: Sehr häufig scheinen Infekte den Ausschlag zu geben. Dabei wird dann noch einmal die Schleimhaut geöffnet, sodass sehr viel Gluten in die Darmwand einströmen kann, wodurch dann wiederum die Immunreaktion stark in Gang kommt (also z. B. durch eine „Bauchgrippe", einen typischen gastrointestinalen Infekt).

Man ist also mit der Veranlagung zur Zöliakie geboren, aber es muss nicht unbedingt zum Ausbruch kommen?
Die Veranlagung kann man auch noch nicht zu 100 % beurteilen, da eben noch kein entsprechender Gentest entwickelt worden ist. Aber dass Zöliakie ausbricht – mit Symptomen –, muss nicht sein. Wie gesagt: Viele Patienten haben gar keine Bauchbeschwerden. Dass es allerdings doch irgendwann zu einer Immunreaktion kommt, ist wahrscheinlich.

von einer „Typ 1 Allergie“, die „IgE-vermittelt“ ist. Das bedeutet: Für die Reaktion des Immunsystems ist ein ganz bestimmter Antikörper, eben jenes **Immunglobulin E (IgE)**, verantwortlich.

Im Gegensatz zu einer (Getreide-)Allergie kann Zöliakie *nicht* mittels Pricktest oder RAST ermittelt werden. Der Antikörper IgE spielt bei Zöliakie keine Rolle.

Schwierig wird die Einordnung deshalb, weil Zöliakie sehr wohl eine Reaktion des Immunsystems ist. Nur eben – im Gegensatz zur Allergie – keine klassische *Abwehr*-Reaktion des Immunsystems. Die Immunreaktion richtet sich nicht gegen „Feinde von außen“ (wie z. B. Pollen), sondern gegen vermeintliche „Feinde im Inneren“.

Dabei läuft die immunologische Antwort auf zwei Schienen ab: Auf der einen Seite werden Antikörper produziert, die sich ja auch bei der Diagnose nachweisen lassen. Es sind aber *nicht* diese Antikörper, die die Darmschleimhaut schädigen. (Im Gegensatz zu einer Allergie, bei der die produzierten Antikörper direkt für die Beschwerden der Allergiker verantwortlich sind.)

Erst auf der zweiten Schiene der Immunreaktion werden jene Stoffe freigesetzt (Zytokine und andere), die zur Veränderung der Schleimhaut und zu einem Verlust von Zotten führen.

Der – auch für Nichtmediziner – wohl augenscheinlichste Unterschied liegt in der Reaktionszeit. Während bei einer Allergie die Reaktion sehr schnell erfolgt, kann sie bei Zöliakie über Tage gehen, sodass man also beispielsweise unwissentlich eine mit Mehl gebundene Sauce isst und erst zwei, drei Tage später Beschwerden bekommt.

Spezielle Arten von Zöliakie

Stumme Zöliakie

Viele Zöliakie-Betroffene weisen zwar bereits Schleimhautveränderungen und Zottenatrophie im Dünndarm auf, leben aber völlig beschwerdefrei. Sie werden oft nur zufällig diagnostiziert, etwa wenn nahe Angehörige an Zöliakie erkranken und ein Verwandten-Screening durchgeführt wird. Im Gegensatz zu einer *manifesten Zöliakie*, die auch alle typischen Symptome aufweist, spricht man in diesem Fall von einer *stummen* (oder auch „*silenten*") Zöliakie.

Es ist sogar davon auszugehen, dass Patienten mit einer manifesten Zöliakie nur einen kleinen Teil der Betroffenen ausmachen und die Masse der noch unentdeckten stummen Zöliakie-Patienten weitaus größer ist als bisher angenommen.

ICH WURDE MIT ZÖLIAKIE DIAGNOSTIZIERT, HABE ABER KEINE BESCHWERDEN. MUSS ICH AUCH BEI EINEM SYMPTOMLOSEN VERLAUF DIÄT HALTEN?

Ja, weil durch die Lymphzellenvermehrung im Dünndarm auf jeden Fall gewisse Risikofaktoren entstehen. Einerseits kann es bei Nicht-Einhaltung einer Diät irgendwann einmal zu einer Entartung dieser Lymphzellen, also zu Krebs, kommen. Andererseits besteht auch ein erhöhtes Risiko für andere Autoimmunerkrankungen, für Komplikationen an den Knochen, für Fehlgeburten etc.

Eine glutenfreie Ernährung ist daher die beste Vorsorge, um Komplikationen und irreparable Schädigungen zu verhindern. Heute weiß man, dass sich auch das erhöhte Krebsrisiko nach etwa fünf Jahren konsequent glutenfreier Kost wieder dem durchschnittlichen Risiko der Gesamtbevölkerung angleicht.

Latente Zöliakie

Interessant ist das Phänomen der sogenannten *latenten Zöliakie*: Ein Patient hat unter glutenhaltiger Ernährung eine Zottenatrophie entwickelt. Nach der Diagnose und der Umstellung auf glutenfreie Kost konnten sich Darm und Zotten so weit normalisieren, dass sie selbst unter erneuter glutenhältiger Ernährung normal geblieben sind.

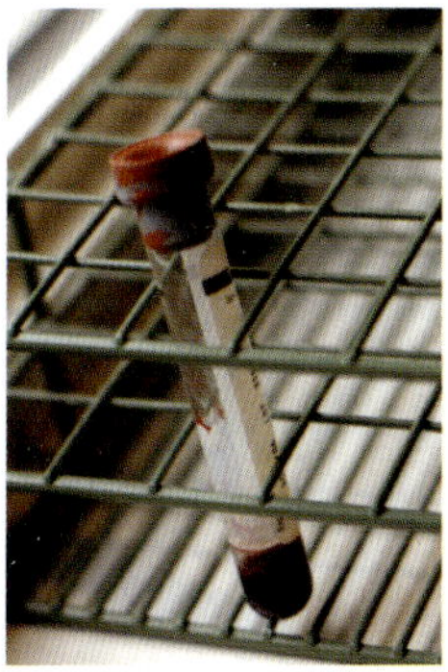

Potenzielle Zöliakie

Der Begriff *„potenzielle Zöliakie“* wird verwendet, wenn die Untersuchung auf die typischen Antikörper positiv ausfällt, die anschließende Dünndarmbiopsie aber einen ganz normalen Darm zeigt. Menschen mit *potenzieller Zöliakie* haben keine Beschwerden und müssen – als einzige Ausnahme unter den Zöliakie-Patienten – auch keine Diät halten, allerdings regelmäßig zu Kontrollen gehen, damit beim ersten Auftreten von Veränderungen umgehend reagiert werden kann.

Kollagene Sprue

Kollagen ist ein Eiweiß, das dem Körper zur Festigung und Stütze des Bindegewebes dient. Bei einer *Kollagenen Sprue* wird Kollagen jedoch an der Darmwand abgelagert, wodurch sich die Darmwand verdickt und verfestigt. In weiterer Folge spricht der Körper nicht mehr auf die glutenfreie Diät an. Es kommt zu Therapieresistenz. Die *Kollagene Sprue* ist allerdings eine äußerst seltene Sonderform der Zöliakie und betrifft einen sehr geringen Prozentsatz aller Zöliakie-Patienten.

Refraktäre Sprue

Bei dieser Form der Zöliakie sprechen die Betroffenen zwar zunächst einmal auf die Diät an, nach einer Weile jedoch nicht mehr. Das trifft vor allem ältere Patienten über 50, die womöglich eine etwas andere Veranlagung mitbringen und häufig auch Diätfehler begangen haben. In Folge kann es geschehen, dass die Zöliakie einen autonomen Verlauf nimmt, im Darm ein anderes Lymphozytenmuster entsteht und dadurch auch ein erhöhtes Risiko für Lymphome. Bei der Behandlung wird in solchen Fällen versucht, die Lymphozytenreaktion zu stoppen, z. B. mittels Cortison.

WAS VERSTEHT MAN UNTER LYMPHOMEN?

Lymphome sind Lymphknotenvergrößerungen bzw. Tumore des Lymphgewebes. Man unterscheidet zwischen gutartigen (benignen) und bösartigen (malignen) Lymphomen. Bei Nichteinhaltung der glutenfreien Diät erhöht sich die Gefahr für maligne Lymphome (sogenannte Non-Hodgkin-Lymphome).

Begleiterkrankungen: Laktose, Fruktose

Ist die Darmschleimhaut durch Zöliakie geschädigt, kann es zuweilen auch zu anderen Unverträglichkeiten kommen. Beispielsweise wird bei abgeflachten Darmzotten weniger oder keine Laktase (Enzym zur Laktosespaltung) gebildet. Die Folge ist eine *Laktoseintoleranz*, die aber in den meisten Fällen nur vorübergehend ist. Sobald sich die Schleimhaut – dank Einhaltung glutenfreier Diät – wieder erholt hat, wird Laktose (also Milch, Milchprodukte) in der Regel wieder vertragen.

Auch eine gelegentlich auftretende *Fruktoseunverträglichkeit* lässt sich auf die angeschlagene Situation im Darm zurückführen. Durch die verminderte Resorptionsoberfläche ist eben auch nur eine verminderte Aufnahme von Fruchtzucker (Fruktose) möglich. In diesen Fällen spricht man von einer *„sekundären Intoleranz"*, bedingt durch die Zerstörung der Dünndarmschleimhaut.

Assoziierte Krankheiten

Sogenannte *„Assoziierte Krankheiten"* sind Krankheiten, die oft in Zusammenhang mit Zöliakie auftreten.

DAZU ZÄHLEN:

- Diabetes mellitus, Typ 1: insulinpflichtige Zuckerkrankheit
- Die Hautkrankheit Dermatitis herpetiformis Duhring (*siehe Seite 27*)
- Trisomie 21 / Down-Syndrom: eine angeborene Erkrankung, die in unterschiedlichem Maße zu unüblicher geistiger und körperlicher Entwicklung führt. Der veraltete Name lautet *Mongolismus*.
- Mangel an Immunglobulin A (IgA)
- Hashimoto Thyreoiditis: eine chronische (meist schmerzlose) Schilddrüsenentzündung
- Andere Autoimmunerkrankungen der Schilddrüse (meist Unterfunktionen)
- Nierensteine und Blasenentzündungen
- Dünndarmtumor

Dermatitis herpetiformis Duhring

Die Hautkrankheit Dermatitis herpetiformis Duhring (auch: „Morbus Duhring"), bei der sich auf der Haut **juckende Bläschen** bilden, ist eine häufige Manifestation der Glutenunverträglichkeit. Die Krankheit zählt zu den Autoimmundermatosen, weil es auch hier die Antikörper sind, die sich gegen körpereigenes Gewebe – in diesem Fall eben an der Hautoberfläche – richten.

Die Bläschen treten in Gruppen auf (mitunter kommt es durch dieses Hautbild auch zu Verwechslungen mit einer Gürtelrose); es kommt zu brennendem Juckreiz.

Zöliakie und Dermatitis herpetiformis Duhring gehen sozusagen Hand in Hand. Zwar hat bei Weitem nicht jeder Zöliakie-Patient auch mit der Hautkrankheit zu kämpfen (im Gegenteil: die Häufigkeit der Dermatitis herpetiformis Duhring wird mit etwa 1:1500 angenommen und ist somit eher selten), aber es ist davon auszugehen, dass jeder Morbus-Duhring-Patient auch die typischen Schleimhautveränderungen einer Zöliakie hat.

Letztlich gilt: So unterschiedlich die Symptome der beiden Krankheiten auch sind, die Ursachen und die Therapie sind gleich.

Eine lebenslange glutenfreie Ernährung ist auch für Morbus-Duhring-Patienten die einzige Möglichkeit, die Krankheit ursächlich in den Griff zu bekommen. Da sich das Hautbild allerdings nur sehr langsam regeneriert, werden zunächst auch Medikamente verschrieben, die die Symptome lindern. Mit Dauer der Diät werden diese schrittweise reduziert.

Zöliakie

Kleine Lebensmittelkunde

Aufbau des Getreidekorns

Betrachtet man ein Getreidekorn unter dem Mikroskop, so fällt auf, dass es aus verschiedenen Schichten besteht.

- Die **äußerste Schicht** ist die Frucht- oder Samenschale. Im Alltag begegnet uns diese Schale vor allem in Form von Kleie (z. B. Weizenkleie). Kleie ist ein Produkt, das bei der Mehlgewinnung abfällt und als Futtermittel für Tiere verwendet wird. Es enthält aber viele Ballaststoffe und wird daher für eine ballaststoffreiche Ernährung empfohlen, etwa gemischt mit Müsli oder Joghurt zur Anregung der Verdauung.

Weizenkleie ist für Zöliakie-Patienten ungeeignet. Es gibt aber auch Zuckerrübenkleie, die glutenfrei und ebenfalls sehr ballaststoffreich ist. Man kann sie fein gemahlen oder in Form von Flocken kaufen.

- Unter der Fruchtschale befindet sich die **Aleuronschicht** (nach ihrem Aussehen oft auch „Wabenschicht" genannt). Sie enthält Vitamine, Eiweiße und Mineralstoffe und dient im Korn als Nährstoffspeicher.

- Der **Keimling** ist, wenn man so will, das Herz des Getreidekorns. Er ist der Embryo der zukünftigen Weizenpflanze, in dem bereits Anlagen für Wurzeln und Trieb vorhanden sind. Der Keimling enthält Fette, Eiweiß, Vitamine, Mineralstoffe und gilt als der gehaltvollste Teil des Korns, obwohl er nur knapp 2 – 3 % des Korngewichtes ausmacht! Keimlinge werden als Zutat zu Broten, aber auch für die Herstellung von Ölen verwendet.
- Der **Mehlkörper (Endosperm)** bildet den größten Teil des Getreidekorns. Das ist jener Teil, aus dem das Mehl gewonnen wird. Er besteht aus Stärke und Eiweiß („Reserveproteinen"). Dabei ist vor allem das sogenannte **kleberbildende Eiweiß** von Bedeutung, denn dieses ist ausschlaggebend für die Backfähigkeit des Mehls.

WAS BEDEUTET EIGENTLICH „RESERVEPROTEIN"?

Pflanzliche Samen dienen dazu, eine neue Pflanze entstehen zu lassen. Das ist Aufgabe des Keimlings, jenes lebenden, aktiven Teils des Samens, der letztlich zu einer Pflanze heranwächst. Bevor der Samen gepflanzt wird, befindet sich der Keimling in *Keimruhe*. Man könnte sagen: Er schläft.

Sobald jedoch eine neue Pflanze entstehen soll, beginnt er *auszukeimen*. Dafür benötigt er eine ganze Menge Energie. Die Pflanze stellt ihm diese Energie zur Verfügung, indem sie ihm eine Art Rucksack mit auf den Weg gibt: den Mehlkörper (Endosperm). Der Rucksack ist vollgepackt mit Reservestoffen, die dem Keimling Kraft geben. Bei Getreide sind das Stärke und Protein. (Andere Pflanzen, wie z. B. Sojabohnen, haben auch Fett gespeichert.) Der Begriff **„Reserveprotein"** bezieht sich also auf eine Reserve für den Keimling.

Ein kurzer Überblick über Getreideproteine

Die *Reserveproteine des Mehlkörpers* werden in der Lebensmittelkunde in vier verschiedene Gruppen unterteilt, ihrer jeweiligen Löslichkeit entsprechend:

- **Albumine** sind wasserlöslich.
- **Globuline** sind in neutralen Salzlösungen löslich.
- **Prolamine** sind alkohollöslich.
- **Gluteline** sind nur in verdünnten Säuren und Laugen löslich.

Die Gruppe der Prolamine enthält auch jene kleberbildenden Proteine, die Zöliakie hervorrufen.

Zusammenfassend lässt sich also sagen: Zöliakie wird durch die alkohollöslichen Proteine des Getreides ausgelöst.

Die alkohollöslichen Proteine des Getreides (Prolamine) tragen – je nach Getreidesorte – unterschiedliche Namen. Bei Weizen spricht man von „Gliadin", bei Roggen von „Secalin" und bei Gerste von „Hordein".

Was sind Kleberproteine / Gluten?

Den unterschiedlichen Proteingruppen kommt auch eine jeweils unterschiedliche Bedeutung bei der Teigherstellung zu. Jene Proteine, die für die Brot- bzw. Teigfähigkeit des Getreides zuständig sind, werden als „Kleberproteine“ oder „Gluten“ zusammengefasst.

GLUTEN = PROLAMINE & GLUTELINE (wobei nur die Prolaminfraktion zöliakieauslösend ist)

Innerhalb der Kleberproteine sind die Prolamine für die Zähflüssigkeit (Viskosität) des Teiges verantwortlich, während die Gluteline für die Elastizität des Teiges sorgen.

Die Bedeutung von Gluten für die Teigherstellung:

- Mehl, das Kleber enthält, wird in Verbindung mit Wasser zu einer gummiartigen, elastischen Masse, die sich gut zu Brot und Teig verarbeiten lässt.
- Nur aus Mehlen mit Kleber kann Brot in Form eines Laibes (im Unterschied zu flachem Fladenbrot) gebacken werden.

KURZ: Gluten ist ein Klebereiweiß (auch: Kleberprotein bzw. kleberbildendes Protein), das sich im Getreide befindet und für die Teigherstellung von Bedeutung ist.
Übrigens: *Das Wort Gluten kommt aus dem Lateinischen und bedeutet „Leim“.*

Was sind „Pseudocerealien“?

Körner wie Buchweizen, Amaranth und Quinoa werden oft als „Pseudocerealien“ oder „Pseudogetreide“ bezeichnet. Der Begriff „Pseudocerealien“ bezeichnet eine Pflanzenfamilie, die zwar im engeren biologischen Verständnis nicht zu den Getreidearten gehört, deren Samen aber den Getreidesamen sehr ähnlich sind. Sie enthalten viele wertvolle Inhaltsstoffe, sind reich an Stärke, Eiweiß, Mineralstoffen und Fett – allerdings ist ihr Eiweiß nicht *kleberbildend*, daher lassen sich aus Pseudocerealien nicht direkt Teig- bzw. Backwaren herstellen.

Für die Zöliakiekost werden verschiedene Quellmittel (Enzyme, Emulgatoren etc.) zugesetzt, um Backfähigkeit zu erreichen. (*Siehe auch Interview mit Prof. Berghofer, Seite 33*)

Fünf Fragen an den Lebensmittelexperten

Univ.-Prof. Dr. Emmerich Berghofer, Leiter der Abteilung Lebensmitteltechnologie am Department für Lebensmittelwissenschaften und -technologie der Universität für Bodenkultur Wien, über die Herausforderungen bei der Herstellung glutenfreier Produkte

Welche Bedeutung haben kleberbildende Proteine für die Teigbildung?
Das ist unterschiedlich. In Österreich isst man vor allem Weizen- und Roggenbrot, beide lösen Zöliakie aus, denn beide enthalten Kleber. Der Unterschied ist, dass der Kleber beim Weizen auch teigbildend ist, während beim Roggen der Teig nicht durch den Kleber, sondern durch enthaltene Pentosane [Schleimstoffe – *Anm.*] gebildet wird. Daher muss der Teig für Roggenbrot auch grundsätzlich anders hergestellt werden: Es handelt sich um einen Sauerteig, bei dem zunächst einmal eine Säuregärung durchgeführt wird, damit die Pentosane besser die Teigbildung übernehmen können. Zusammengefasst lässt sich sagen: Kleber ist in vielen Getreidesorten enthalten, aber nicht alle Kleber sind teig- und brotbildend.

Wie werden bei der Herstellung von glutenfreien Produkten die kleberbildenden Proteine ersetzt?
Teigbildung beruht darauf, dass man die Mehlpartikel in eine Matrix, ein zusammenhängendes Gerüst, einbettet. Bei glutenfreien Sorten, die von vornherein keinen Teig bilden können, muss so ein Teiggerüst durch andere Substanzen ersetzt werden. Man muss also z. B. Hydrokolloide oder andere Quellstoffe hineingeben, um hier eine Teigfähigkeit zu erreichen. Das ist die Schwierigkeit.

Wie wirken sich solche Veränderungen für den Konsumenten aus?
Diese Teige haben andere sensorische Eigenschaften (Geschmack, Elastizität etc.). Das Ziel ist klarerweise, an die sensorischen Eigenschaften eines Weizenteiges heranzukommen. Das ist eine schwierige Aufgabe und 100%ig kann dieses Ziel auch nicht erreicht werden.

Lange Zeit schien es auch nicht möglich, glutenfreies Bier herzustellen. Worin lag hier das Problem?
Jedes normale Bier enthält eine ganze Reihe von Getreideproteinen. In Gerstenbier – aus Malz hergestellt – ist das Protein zwar schon sehr abgebaut, aber noch nicht so weit, dass es nicht doch Zöliakie auslösen kann. Ziel ist daher, die Proteine bzw. Peptide so weit zu spalten, dass sie für Zöliakie-Patienten geeignet sind. Oder man verwendet von vornherein Rohstoffe, die keine Zöliakie auslösen, wie z. B. Hirse. Ein glutenfreies Bier, das derzeit in Österreich auf dem Markt ist, ist ein Hirseerzeugnis.

Wieso findet sich Gluten auch in so vielen Produkten, die keine Getreideerzeugnisse sind?
Es wird eine große Menge Weizenstärke erzeugt und dabei entsteht auch isoliertes Weizengluten (Weizenkleber). Dieser isolierte Weizenkleber – man spricht auch von „Vitalkleber“ – ist ein sehr hochwertiges Produkt, das in der Lebensmitteltechnologie für viele Zwecke verwendet werden kann.

Zöliakie

Was darf ich essen bzw. nicht essen?

Verbotenes für Menschen mit Zöliakie

- Getreide: Weizen, Roggen, Gerste, Hafer (*siehe Seite 37*), Dinkel, Triticale, Emmer, Kamut, Einkorn, Grünkern und Produkte, die daraus gewonnen werden, wie z. B. Nudeln, Brot, Gebäck, Bröseln (Paniermehl), Grieß, Couscous, Bulgur, Graupen, Gnocchi, Pizza, Knabbergebäck, Kekse etc.

- Weizenkleie
- Seitan (asiatisches Weizenprotein, wird als Fleischersatz verwendet)
- Fertiggerichte und andere industriell hergestellte Lebensmittel, die Mehl oder Weizenstärke als Bindemittel enthalten (Liste der Inhaltsstoffe beachten!)
- Dazu zählen auch: Fertigsuppen und -saucen (auch Sojasauce, da sie nicht nur aus Soja, sondern meist auch aus Weizen gebraut wird)
- Puddingpulver
- Malzgetränke, Malzkaffee, Malzbonbons, Bier usw.

- Suppenwürze, Suppenwürfel, Ketchup
- Frühstückscerealien: Cornflakes bestehen beispielsweise nicht nur aus Mais (englisch „corn“), wie der Name suggeriert, sondern auch aus Getreide.

- Light-Produkte, da dabei Fett und Zucker oft durch glutenhaltige Ersatzstoffe ausgetauscht werden

- Konserven, dazu zählen auch Fischkonserven wie Bratheringe oder Bratrollmöpse
- Kakaogetränke, manche Schokoladesorten (Es gibt allerdings als Alternative auch glutenfreien Kakao bzw. glutenfreie Schokolade. Halten Sie danach Ausschau!)
- Roquefort-Käse, da der Schimmelpilz für diesen speziellen Käse auf Brot gezüchtet wird
- Wurstwaren und Milcherzeugnisse sind nicht prinzipiell verboten, sollten aber unbedingt genau inspiziert werden, da sie Gluten als Bindemittel enthalten können.

STREITFALL: HAFER

Darüber, ob Hafer zöliakieauslösend ist, gehen die Meinungen auseinander. Inzwischen gibt es Studien, die belegen, dass Hafer von einigen Zöliakie-Betroffenen überraschend gut vertragen wird.

Hafer enthält im Gegensatz zu anderen Getreidesorten nur geringe Mengen an Gluten, stattdessen in erster Linie *Avenine*. Das sind Proteine, die nicht zu den echten Klebereiweißen gehören und offenbar keine Unverträglichkeitsreaktion auslösen. Die internationalen Zöliakieverbände raten jedoch trotzdem zur Vorsicht, da noch nicht genügend Untersuchungen vorliegen und Haferprodukte bei der industriellen Herstellung sehr leicht durch andere Getreidearten kontaminiert werden können.

Lebensmittel, die Sie uneingeschränkt genießen können

Lebensmittel, die von Natur aus glutenfrei sind

- Obst, Gemüse, Salat
- Reis
- Mais
- Kartoffeln
- Fleisch
- Fisch
- Milch, Butter, Naturkäse
- Nüsse, Mohn, Leinsamen, Sesam, Sonnenblumenkerne, Kürbiskerne, Pignoli (Pinienkerne)
- Hülsenfrüchte (z. B. Kichererbsen, Linsen, Bohnen, Sojasprossen)
- Pflanzenöle
- Eier
- Wein, Sekt
- Glutamat (Geschmacksverstärker, der oft Lebensmitteln beigemengt wird)

Alternativen zu herkömmlichem Getreide bzw. zu Getreideprodukten

- Quinoa
- Amaranth
- Buchweizen
- Hirse
- Polenta (Maisgrieß)
- Maisstärke
- Kastanien- oder Johannisbrotmehl
- Soja
- Goldhirse
- Kiwicha
- Teffmehl (und andere glutenfreie Mehle)
- Zuckerrübenkleie
- Guarkernmehl (wird oft als Verdickungsmittel für Saucen oder Desserts verwendet)

Lebensmittel, die von verschiedenen Anbietern speziell für Zöliakie-Patienten produziert werden

Diese Lebensmittel sind in Naturkostläden, aber auch in gut sortierten Supermärkten und über Online-Versand erhältlich und umfassen eine Vielzahl an glutenfreien Alternativen zu herkömmlichen Produkten – von Pizza und Spaghetti bis zu Teigmischungen für Torten, Kuchen und Muffins.

Fünf Fragen an den Bäckermeister

Clemens Waldherr ist Bio-Vollkornbäcker aus Kleinhöflein bei Eisenstadt und hat sich auf die Produktion von glutenfreiem Brot und Gebäck spezialisiert.

Was hat Sie bewogen, auch glutenfreies Gebäck in Ihr Sortiment zu nehmen?

Unsere Bäckerei beschäftigt sich schon von Anfang an mit dem Thema Allergien und Lebensmittelunverträglichkeiten. Da unsere Bäckerei den Ruf eines „Individualisten, der für alle etwas macht", hat, war es nur eine Frage der Zeit, bis wir mit Anfragen von Zöliakie-Patienten überhäuft wurden. Als mir klar wurde, wie schwer diese Leute zu frischem Brot und Gebäck kommen, haben wir uns entschieden, glutenfreie Produkte mit ins Programm zu nehmen.

Wie gelingt es Ihnen, in Ihrer Backstube Kontamination zu vermeiden?

Da wir auch „normales" Mehl verarbeiten, muss streng darauf geachtet werden, dass es zu keiner Kontamination mit Gluten kommt. Deshalb werden die glutenfreien Produkte grundsätzlich zu Produktionsbeginn gefertigt. Die Luft ist zu diesem Zeitpunkt noch nicht mit Mehlstaub gefüllt. Die gemeinsam benutzten Geräte, wie Kneter und Ofen, sind noch sauber geputzt verfügbar. Verwendet werden auch Arbeitstische, Backbleche und Formen, die mit keinem normalen Mehl in Berührung kommen. Die fertige Ware wird sofort verpackt und extra gelagert. Dass diese Maßnahmen auch wirklich greifen, beweisen uns Tests, die von der Lebensmittelbehörde durchgeführt werden. Die vorgegebenen Grenzwerte wurden noch nie überschritten.

Welche Getreidesorten verwenden Sie am meisten für glutenfreies Gebäck?

Verarbeiten könnte man alle Getreidesorten, die kein Gluten enthalten, z. B. Mais, Hirse, Amaranth etc. Wir verwenden Mehle von Firmen, die sich auf glutenfreie Produkte spezialisiert haben, z. B. spezielle Mehlmischungen von der Hammermühle. Auch „ausgewaschenes" Weizenmehl kann verwendet werden. Dabei werden die Kleber-Eiweiße komplett aus dem Weizen – natürlich von Spezialfirmen – entfernt.

Wie lange halten sich die Backwaren bzw. welche Tipps haben Sie bzgl. der Lagerung?

Glutenfreie Backwaren trocknen leider sehr schnell aus. Wir empfehlen unseren Kunden, das Gebäck frisch und portionsweise in die Tiefkühltruhe zu geben. So können sie immer nur die Mengen entnehmen, die sie gerade benötigen. Übrigens: Getoastet schmecken die meisten glutenfreien Brote besser.

Es gibt bei Ihnen keine Mindestabnahmemengen. Wie gelingt es Ihnen, die Kosten für Spezialprodukte in vertretbarem Rahmen zu halten?

Wie schon erwähnt, werden glutenfreie Backwaren schnell altbacken. Wir möchten unsere Kunden nicht noch zusätzlich mit Mindestabnahmemengen und Backtagen belasten. Deshalb können sie bei uns bestellen, wann und wie viel sie wollen. Die Ware ist am nächsten Tag abholbereit. Natürlich sehen wir die Produktion von glutenfreien Backwaren in unserem Haus nur als Service am Kunden. Unser Kostenrechner würde die Produkte lieber aus dem Programm nehmen.

Ausgewählte Lieblingsrezepte von Clemens Waldherr finden Sie auf den Seiten 75 und 76.

Darf ich vorstellen ...? Von Agar Agar bis Zuckerrübenkleie

Vermutlich sind Ihnen einige Köstlichkeiten in der Liste der erlaubten Lebensmittel noch nicht bekannt. Es lohnt sich auf alle Fälle, sie zu probieren, um den Speiseplan bei Zöliakie abwechslungsreicher und bunter gestalten zu können. Ein paar ausgefallenere Produkte sollen hier deshalb näher vorgestellt werden.

Agar Agar

Agar Agar ist ein natürliches Geliermittel, das aus Rot- und Grünalgen gewonnen wird. Die Algen werden nach der Ernte in der Sonne gebleicht, weshalb das Produkt, das man im Naturkostladen kaufen kann, letztlich weiß ist. Agar Agar gibt es in Form von Flocken, Pulver oder Stangen. Es eignet sich nicht nur zum Einkochen von Marmelade, sondern auch als Verdickungsmittel für Suppen, Saucen und Dessertcremes.

Amaranth

Amaranth wurde bereits von den Inkas und Azteken als Grundnahrungsmittel verwendet. Es zählt zu den Pseudocerealien, ist also glutenfrei. Die Blätter der Amaranthpflanze haben einen leicht nussigen, spinatähnlichen Geschmack und können als Gemüse gegessen werden (z. B. gedünstet oder als Salat). Die Körner dienen als Getreideersatz. Amaranth wird eine Reihe günstiger und gesundheitsfördernder Eigenschaften nachgesagt, etwa ein sehr großer Eisengehalt, weshalb es in der Schwangerschaft und gegen Eisenmangelanämie empfohlen wird. Es hilft bei Schlafstörungen, chronischem Kopfweh und Problemen im Magen-Darm-Bereich. Außerdem wird es zur Herstellung von Babynahrung verwendet. Einige wichtige Inhaltsstoffe: Kalzium, Kalium, Mangan und Kupfer.

TIPP

Amaranth lässt sich auch – ähnlich wie Popcorn oder Puffreis – ganz herrlich in einer Pfanne poppen. Dazu eine kleine Menge Amaranthsamen ohne Zugabe von Fett unter ständigem Rühren in der Pfanne puffen lassen.
Das Ergebnis kann man z. B. als Zutat für ein Frühstücksmüsli verwenden.

Buchweizen (alter Name: Heidekorn)

Der Name Buchweizen ist irreführend, denn die Pflanze ist mit dem Weizen nicht verwandt. Sie zählt zu den Knöterichgewächsen und ist glutenfrei. Buchweizen kann als Mehl, Grieß, Brei oder Grütze verarbeitet werden. Er gilt als altes Naturheilmittel gegen „schwere Beine“, was darauf zurückzuführen ist, dass sich das im Buchweizen enthaltene Rutin positiv auf die Blutgefäße auswirkt. In Japan wird er zur Herstellung von Buchweizennudeln (Soba) verwendet.

Carob (auch: Bockshorn oder Johannisbrotmehl)

Carob ist die Frucht des Johannisbrotbaumes und zählt zu den Hülsenfrüchten. Johannisbrotbäume wachsen in südlichen Ländern, wie z. B. in Spanien, Italien, Portugal und Zypern. Dort werden die Früchte traditionellerweise frisch verzehrt oder getrocknet. Bei uns ist eher *Carobpulver* (Johannisbrotmehl) bekannt, das aus dem Fruchtfleisch gewonnen und als Kakaoersatz verwendet wird. Es enthält die Vitamine A und B sowie Kalzium und Eisen. Laut einer aktuellen Studie des Deutschen Instituts für Ernährungsforschung hilft es, die Blutfettwerte zu senken und zugleich die Fettverbrennung anzukurbeln.

Neben der Carobfrucht werden auch die Samen des Johannisbrotbaumes zur Herstellung von Lebensmitteln genutzt: Man gewinnt daraus *Johannisbrotkernmehl* (Carubin), ein Verdickungsmittel. Im Rahmen einer glutenfreien Ernährung ist Johannisbrotkernmehl von Bedeutung, da es als Backmittel für glutenfreies Brot eingesetzt wird.

Chufa

Auch bekannt als Erdmandel oder Tigernuss. Die Knollen der Pflanze sind essbar und schmecken ein bisschen nach Haselnuss oder Mandel. Erdmandeln sind sehr ballaststoffreich. Erhältlich sind sie in gut sortierten Bioläden, meist in Form von Flocken. Man kann sie entweder ins Müsli mischen oder auch in einen Brotteig, um den Ballaststoffanteil des Brotes zu erhöhen.

Guarkernmehl

Guarkernmehl wird aus dem Samen des Guarjavebaumes gewonnen und beim Brotbacken dazu verwendet, die optimale Feuchtigkeitsverteilung und Saftigkeit im Brot zu erreichen. Die Guarpflanze zählt zu den Hülsenfrüchten, ist also glutenfrei und kann bedenkenlos gegessen werden. Sie können Guarkernmehl als Verdickungsmittel für Desserts, Saucen und Suppen verwenden.

Hanfmehl

Als Hanfmehl bezeichnet man den gemahlenen Presskuchen, der bei der Ölgewinnung aus Hanfsamen anfällt. Es hat einen hohen Anteil an Eiweiß, ungesättigten Fettsäuren, Mineral- und Ballaststoffen und besticht durch seinen nussigen Geschmack. In Bioläden werden auch verschiedene Sorten von Hanfspaghetti und Nudeln verkauft. Dabei ist allerdings Vorsicht geboten, da die meisten nicht aus reinem Hanfmehl, sondern aus Mischungen mit Getreidesorten bestehen.

Hirse, Hirsestärke, Hirseflocken

Hirse gehört zu den glutenfreien Getreidearten und ist obendrein besonders leicht verdaulich. Die Hirse ist aufgrund ihres sehr markanten Geschmacks nicht jedermanns Sache, aber wer sich einmal mit ihr angefreundet hat, wird nicht mehr auf sie verzichten wollen. Hirse ist vielseitig, lässt sich süß und pikant verarbeiten, kann als Beilage (einfach wie Reis) gekocht oder als vegetarisches Hauptgericht gegessen werden. Sie eignet sich auch für die Zubereitung von Babynahrung. Hirseflocken lassen sich problemlos zu Hirsepalatschinken verarbeiten, und Hirsestärke dient als Verdickungsmittel. Wichtige Inhaltsstoffe der Hirse sind: Zink, Eisen, Silicium sowie eine ganze Reihe von B-Vitaminen.

Übrigens: Der „süße Brei“ aus dem gleichnamigen Märchen der Gebrüder Grimm ist ein Hirsebrei.

TIPP

Hirse sollte vor dem Kochen unbedingt heiß gewaschen werden, um einen ranzigen Geschmack zu vermeiden.

Kartoffelmehl (Kartoffelstärke, Gustin)

Kartoffelmehl ist irreführend, weil es sich um Kartoffelstärke handelt. In Kochrezepten werden die beiden Begriffe synonym verwendet. Kartoffelstärke wird aus Kartoffeln gewonnen und in der Lebensmittelindustrie als natürliches Binde- und Verdickungsmittel eingesetzt. Zum Binden von Suppen, Saucen, Desserts, Kaltschalen, Fruchtsuppen und Puddings rührt man die Kartoffelstärke in kalter Flüssigkeit an und fügt sie dann den kochenden Speisen zu.

TIPP

Verwenden Sie Kartoffelstärke bei der Zubereitung von Kartoffelpuffern. Dadurch halten die Kartoffelstückchen besser zusammen!

ZUM AUSPROBIEREN:

Biskuitteig aus Kartoffelstärke

4 Eier mit 2 EL Wasser schaumig rühren, eine Prise Salz und nach und nach 125 g Zucker dazugeben. Mit dem Handmixgerät etwa drei Minuten auf höchster Stufe rühren, schließlich 200 g Kartoffelstärke zugeben. Den Biskuitteig auf einem mit Backpapier ausgelegten Backblech verteilen und im vorgeheizten Ofen bei 190 Grad ca. 15 Minuten backen.

(Alternativ können Sie auch eine Torten- oder Kuchenform verwenden und die Backzeit entsprechend verlängern.)

Das fertige Kartoffelbiskuit können Sie z. B. mit Marmelade bestreichen und zu einer Biskuitroulade einrollen.

Kassavamehl (Maniokmehl, Tapioka)

Kassava zählt zu den Wolfsmilchgewächsen und stammt ursprünglich aus Brasilien. Es ist neben Reis, Mais und Zuckerrohr das wichtigste Nahrungsmittel in tropischen Ländern. Das Mehl wird insbesondere wegen des hohen Stärkegehalts geschätzt und zur Herstellung traditioneller Fladenbrote oder zum Eindicken von Gerichten verwendet. In Peru isst man z. B. besonders gerne frittierte, gezuckerte Knödel aus Kassavamehl, die Yuquitas genannt werden. Die Wurzel der Maniokpflanze ist eigentlich giftig, da sie Blausäure enthält. Erst durch die Verarbeitung kann daraus ein Grundnahrungsmittel für etwa 300 Millionen Menschen gewonnen werden. In Verbindung mit Reismehl ist Tapiokamehl übrigens sogar backfähig.

WAS IST FAROFA?

Farofa ist ein brasilianisches Nationalgericht, für das Maniokmehl unter allmählicher Zugabe von Butter in einer Pfanne geröstet wird. Es gibt viele Variationen, etwa mit Zwiebeln, Knoblauch, Cashewnüssen, verquirlten Eiern oder auch Bananen. Farofa kann als Beilage oder Hauptgericht gegessen werden.

Kastanienmehl (Maronimehl)

In Gebieten, in denen der Anbau von Weizen schwierig ist, hat die Edelkastanie schon immer eine wichtige Rolle gespielt und den benötigten Mehlersatz geliefert. Kastanienmehl wird aus luftgetrockneten Früchten hergestellt, es ist glutenfrei, reich an Vitamin C und hat einen hohen Fettgehalt. In der Küche der Toskana ist es sehr beliebt, unter anderem werden daraus Nudeln oder Lasagneblätter hergestellt.

ZUM AUSPROBIEREN:

Castagnaccio (Toskanische Spezialität aus Kastanienmehl)
400 g Kastanienmehl in eine Schüssel sieben und unter Rühren 1/4 Liter Milch sowie zwei Becher kaltes Wasser zugeben, sodass eine Art flüssiges, cremiges Püree entsteht. 50 g Zucker, eine Prise Salz und 3 EL Öl hinzufügen und alles gut mit dem Schneebesen verrühren. Eine runde Form (z. B. eine Torten- oder Quicheform) mit Öl auspinseln, die Mischung hineingießen und glatt streichen.
Achtung: *Die Creme soll darin nicht höher als 2 Zentimeter sein.*
Die Oberfläche mit ca. 20 g Pinienkernen (Pignoli) und Rosmarinzweigen bestreuen, ein wenig Öl dazugeben. Castagnaccio im vorgeheizten Backrohr bei 180 Grad etwa 40 Minuten backen. Vor dem Servieren abkühlen lassen.

Kiwicha

Das „Korn der Inkagötter“ stammt aus den Anden, gehört zur Familie der Amaranthgewächse und enthält Kalzium, Kalium und Magnesium. (Im peruanischen Hochland wurde es als Aufbaunahrung für hungernde Kinder verwendet.)

Kiwicha kann pur oder gepufft gegessen werden (siehe Amaranth). Im Handel ist auch eine karamellisierte, gepuffte Sorte als Nascherei erhältlich. Kiwicha lässt sich ins Müsli oder Joghurt mischen, als Suppeneinlage und im Salat verwenden. Gewitzte Köche können sich auch einmal an „Kiwchiotto“ (Risotto aus Kiwicha-Körnern) versuchen. Kiwicha erhalten Sie als Mehl, Flocken oder Körner – und auch in einer ganzen Palette bereits fertig verarbeiteter Produkte.

Kichererbsenmehl (Gram Flour)

Gram Flour wird aus einer Linsenart gewonnen, die der Kichererbse sehr ähnlich ist. Es ist glutenfrei, wird gerne für die Herstellung von Süßspeisen, kleinen Knödeln oder Foccacio verwendet. Besonders häufig wird es in der indischen Küche und in Pakistan verarbeitet. Dort kommt es in Gerichten wie Pakora (Gemüse in Backteig) und Papadum (eine indische Brotsorte) zum Einsatz. Gram Flour ist reich an Eiweiß und Mineralstoffen.

KICHERERBSEN (englisch „chickpeas“) sind im Mittelmeerraum äußerst beliebt und stellen in Ländern des Mittleren Ostens ein Grundnahrungsmittel dar. Bei uns bekommt man sie entweder als Fertigprodukt (in Dosen) oder getrocknet zu kaufen. Getrocknete Kichererbsen müssen vor der Verarbeitung mehrere Stunden eingeweicht werden (am besten über Nacht).

Lupine

Lupine gehören zur Familie der Hülsenfrüchte und stammen ursprünglich aus Südamerika. Sie sind verwandt mit Erbse, Kichererbse und Erdnuss. Sie sind glutenfrei, vielseitig und sehr eiweißreich und gelten als „Soja des Nordens“, da sie wie Soja zu Milch und Tofu verarbeitet werden können. Es gibt auch Eis auf Lupinenbasis. In vielen glutenfreien Nahrungsmitteln wird Süßlupinenmehl eingesetzt, da es emulgierende Eigenschaften besitzt und die Frischhaltung verlängert.

Übrigens: Man kann Lupinen auch eingelegt als Knabbersnack kaufen.

WAS IST LOPINO?

Lopino (auch Lupinenquark oder Lupinentofu) ist eine Art Tofu, die aus Lupinen-Samen hergestellt wird. Lopino zeichnet sich durch hohen Eiweißgehalt und intensiv nussigen Geschmack aus und eignet sich auch hervorragend zur Herstellung von Aufstrichen.

Maisgrieß (Polenta)

Ein Klassiker der österreichischen Küche. Polenta wird durch Zermahlen von Maiskörnern hergestellt und kann als Beilage (wie Reis oder Nudeln) ebenso verwendet werden wie als Hauptgericht (Polentaschnitten, Polentalaibchen, Polentapizza etc.).

ZUM AUSPROBIEREN:

Frühstücksbrei aus Polenta

In einem hohen Topf 500 ml Milch mit 500 ml Wasser aufkochen. 200 bis 250 g Polenta (je nach Sorte und gewünschter Festigkeit) und eine Prise Salz einrühren, ca. 30 Minuten unter häufigem Rühren köcheln lassen. Sie müssen nicht ständig rühren, aber bleiben Sie in der Nähe, denn der Brei brennt leicht an. Zum Schluss kommt noch etwas Butter dazu. Mit Rosinen und getrockneten Früchten verfeinern.

Falls Sie den Brei schon am Vorabend machen, nehmen Sie von vornherein mehr Flüssigkeit, denn die Polenta saugt sich über Nacht noch mehr voll und wird eventuell zu fest. Der Brei ist sehr sättigend und eignet sich z. B. für Kinder, die nach längerer Krankheit wieder ein bisschen Gewicht zulegen sollen.

Maismehl

Maismehl und Maisgrieß unterscheiden sich in erster Linie dadurch, wie fein sie gemahlen sind. Maismehl wird in der südamerikanischen Küche verwendet, z. B. für Tortillas. Es gibt gelbe, weiße und violette Sorten.

Maisstärke

Maisstärke (Mondamin, Maizena) ist eine natürliche Stärke, die aus Mais hergestellt wird. Sie dient als klassisches Bindemittel, ist glutenfrei und geschmacksneutral. Maisstärke wird zum Binden von Saucen, Marinaden (etwa bei asiatischen Wok-Gerichten), Suppen und Puddings kalt angerührt, dann in die heiße Flüssigkeit gegeben, wo man sie unter Rühren noch einmal kurz aufwallen lässt. Darüber hinaus findet sie – wie alle Stärkearten – Verwendung beim Backen, da Backwaren unter Stärkezugabe besonders locker und flaumig werden. Dabei ist es wichtig, die (Mais-)Stärke stets gründlich mit dem Mehl zu vermischen.

Übrigens: Auch *Play Mais*, ein beliebtes Bastelspiel für Kinder, wird aus Maisstärke hergestellt.

ACHTUNG!

Im Gegensatz zu Kartoffelmehl (*siehe oben*), das mit Kartoffelstärke ident ist, sind Maismehl und Maisstärke **nicht** das Gleiche!
Maisstärke ist geschmacksneutral, wohingegen Maismehl einen sehr charakteristischen Geschmack aufweist. Auch die Verwendung ist unterschiedlich.

Mandelmehl

Wegen seines feinen Geschmacks nimmt das Mandelmehl einen speziellen Platz unter den Nussmehlen (*siehe Seite 48*) ein. Es entfaltet beim Backen ein Aroma nach gerösteten Mandeln, weshalb es besonders gerne für Weihnachtsbäckerei eingesetzt wird. Ein weiterer Vorteil sind seine Inhaltsstoffe: Mandelmehl enthält Eisen, Flour, Kalium, Kupfer, Magnesium, Mangan und Zink, außerdem die Vitamine B1, B2, B6, A und E sowie Biotin, Pantothensäure und Folsäure. Entöltes Mandelmehl wird gerne für Diäten verwendet, wenn man Kohlehydrate und Fett reduzieren möchte (sogenannte „Low Carb and Low Fat"-Diäten).

Nussmehl

Es gibt verschiedene Arten von Nussmehlen, z. B. Mandelmehl (*siehe Seite 47*), Erdnussmehl, Haselnussmehl, Kokosmehl. Sie werden bei der Herstellung von Nussöl durch schonende Pressung aus Nüssen (Ölfrüchten) gewonnen und enthalten Kohlenhydrate, essenzielle Aminosäuren, Mineralien, Vitamine und Ballaststoffe. Ihr Fettgehalt ist je nach Sorte unterschiedlich. Ursprünglich enthalten Nüsse sehr viel Fett, Nussmehle kommen aber „teilentölt" in den Handel, wodurch sie weniger fettreich und besser haltbar sind.

Kekse, die aus Nussmehl gebacken werden, sind nicht nur glutenfrei, sie haben auch ein wunderbares Nussaroma.

TIPP

Spezialmehle wie Nuss- oder Kastanienmehl sind geschmacklich hervorragend, leider aber nicht ganz billig. Es empfiehlt sich daher, sie mit anderen glutenfreien Mehlen zu „strecken".

Quinoa

Der Name Quinoa (gesprochen „Kien-Wah") stammt aus dem Quechua, der Sprache der Inkas. Er bedeutet „das Muttergetreide" oder „Supergetreide". Quinoa gehört zu den Fuchsschwanzgewächsen und kommt hauptsächlich aus Peru, Kolumbien, Bolivien, Ecuador, Chile, Argentinien und Kanada. Die Körner sind reich an ungesättigten Fettsäuren, Mineralstoffen und pflanzlichem Eiweiß. Der Geschmack ist nussartig.

Quinoa wird oft als Hirse- bzw. Reisersatz verwendet, eignet sich als Beilage oder als Einlage in Suppen oder Eintöpfen. Vor der Zubereitung sollten die Körner sehr gut gewaschen werden, um Bitterstoffe auszuspülen.

Neben den Körnern sind im Handel auch noch Quinoamehl und Quinoaflocken erhältlich. Bei den Inkas galt Quinoa als Mittel gegen Halsentzündungen.

ACHTUNG!

Quinoa ist für die Ernährung von Säuglingen und Kleinkindern unter zwei Jahren nicht geeignet, da ihr Verdauungssystem noch nicht völlig ausgereift ist.

Reismehl (Reisnudeln, Reisflocken ...)

Getrocknete Reiskörner lassen sich gut zu Reismehl vermahlen. Man erhält ein vielseitiges Produkt, aus dem Reisnudeln, Flocken, Reispapier etc. hergestellt werden.

- **Reismehl** ist ein sehr feines, geschmacksneutrales Mehl. Es wird besonders in der thailändischen, japanischen oder auch türkischen Küche eingesetzt. Da es glutenfrei ist, eignet es sich nur sehr eingeschränkt zum Brotbacken. Fladen lassen sich aber sehr gut daraus backen.
- **Reisnudeln** sind insbesondere in Südostasien und China sehr beliebt. Da sie wenig Eigengeschmack haben, finden sie Verwendung in Gerichten, bei denen die Nudeln mit vielen anderen Zutaten und Gewürzen vermischt werden.
- **Reisflocken** eignen sich gut zum Andicken von Speisen, aber auch als Basis für einen milden Babybrei (z. B. Apfel-Reis-Brei).

Es existiert auch Mehl aus Klebreis (= jener Reis, aus dem Sushi gemacht wird). Daraus werden vorzugsweise asiatisches Gebäck (z. B. Sesambällchen), Süßigkeiten und dergleichen hergestellt.

ACHTUNG!

Reis ist glutenfrei. Bei der Verarbeitung kann es aber zur Kontamination durch andere Getreidesorten kommen. Achten Sie deshalb genau auf die Hinweise auf der Verpackung und die Garantie des jeweiligen Herstellers, wenn Sie Reisprodukte kaufen.

Sago (auch Perlsago)

Aus der tropischen Sagopalme gewonnene Stärke, die in Form kleiner Kügelchen in den Handel kommt und zur Bereitung von Süßspeisen genutzt wird. Der Name „Sago“ kommt aus Papua und bedeutet so viel wie „Brot“, da die Stärke dieser Palmen auf vielen Inseln das Mehl für Brot und Fladen liefert. In Reformhäusern findet man manchmal auch glutenfreie Rote Grütze aus Sago.

Sojamehl

Die Sojabohne zählt zu den ältesten Kulturpflanzen der Welt. Sie wird in Nord- und Südamerika, aber auch in Europa und Asien großflächig angebaut. Sojamehl wird durch das Vermahlen von gerösteten Sojabohnen gewonnen. Außerdem fällt es in großen Mengen als Nebenprodukt bei der Herstellung von Sojaöl ab. Im Handel ist es in verschiedenen Sorten erhältlich, als Vollfettmehl und fettarmes Mehl, wobei Letzteres länger haltbar ist. Sojamehl eignet sich zum Einkochen. In der Lebensmittelindustrie wird es als Zusatz in Backwaren oder zur Proteinanreicherung von Fertiggerichten verwendet.

Übrigens: Sojamehl enthält etwa doppelt so viel Eiweiß wie Weizenmehl.

ACHTUNG!

Im Gegensatz zu Sojamehl ist Sojasauce nicht glutenfrei!
Gentechnisch verändertes Soja (sogenanntes „Gentech-Soja") war die erste Gentech-Pflanze, die von der EU zur Verarbeitung zugelassen wurde. Ob ein Produkt Gentech-Soja enthält, hängt in erster Linie von seiner Herkunft ab. Es gibt eine Kennzeichnungspflicht, achten Sie also auf das Etikett!

Sorghum

Oft stolpert man in glutenfreien Rezepten über die Zutat Sorghummehl. Sorghum ist eine Hirseart und gehört zur Familie der Süßgräser. Sorghumhirse (oder Mohrenhirse) ist vor allem in Afrika ein wichtiges Brotgetreide. Das Mehl eignet sich wie die meisten glutenfreien Mehle nur sehr eingeschränkt zum Backen, dafür aber für Brei, Grütze oder Fladen. In Afrika wird Sorghum auch zum Brauen von (glutenfreiem) Bier verwendet. Außerdem werden einige afrikanische Nationalgerichte aus Sorghum bzw. aus Sorghumfladen hergestellt, wie etwa der Ugali (*siehe unten*), eine traditionelle Beilage, die auf der Karibikinsel Curaçao gegessen wird.

TIPP

In unseren Breiten ist es oft schwierig, Sorghum bzw. Sorghummehl zu bekommen. Sollte ein Rezept Sorghummehl erfordern und Sie können keines auftreiben, so substituieren Sie es am besten durch andere Hirsesorten!

ZUM AUSPROBIEREN:

Ugali

Für den Ugali mischt man 1 Tasse Sorghummehl mit 2 Tassen Maismehl. Man bringt 4 Tassen Wasser in einem großen Topf zum Kochen, fügt Salz und einen Löffel Butter hinzu und lässt die Mehlmischung vorsichtig einrieseln. Die Wasser-Mehlmischung unter ständigem Rühren aufkochen und anschwellen lassen, bis das Mehl das Wasser vollständig aufgesaugt hat. Anschließend vom Herd nehmen, zudecken und 5 Minuten quellen lassen. Erneut auf den Herd stellen und bei kleiner Hitze so lange rühren, bis der ganze Ugali zu einem einzigen großen Klumpen geworden ist. Zum Schluss noch einmal 5 Minuten zugedeckt ruhen lassen und als Beilage zu scharfem Gemüse servieren.

Teff (Zwerghirse)

Teff ist eine Hirseart und stammt aus Äthiopien. Dort wird es auch heute noch angebaut. Es ist Teil zahlreicher Nationalgerichte und -getränke. Teff schmeckt leicht süß und hat ein nussiges Aroma. Es gibt dunkle und helle Sorten Teffmehl. Besonders beliebt ist es bei Ausdauersportlern, da es sich aufgrund seines hohen Eisen- und Kalziumgehalts gut als Aufbaunahrung eignet.

Aus Teffmehl lassen sich hervorragend Kuchen backen, allerdings empfiehlt es sich, das Teffmehl mit anderen glutenfreien Mehlsorten zu mischen, denn der Eigengeschmack des Teff ist nicht jedermanns Sache. Ferner wird aus Teff glutenfreies Bier gebraut.

Übrigens: Teff wächst sehr langsam heran (etwa halb so schnell wie andere Getreidesorten). Das ist für die Herstellung von glutenfreiem Teffmehl günstig, weil es ermöglicht, etwaiges Fremdgetreide beim Anbau von Hand zu entfernen (*siehe „Das Problem der Kontamination“, Seite 58*).

A C H T U N G !

Hirse (und daher auch Teff) kann bei Menschen mit empfindlicher Schilddrüse (bei Unterfunktion) unter Umständen Probleme verursachen.

Zuckerrübenkleie

Zuckerrübenkleie ist sehr ballaststoffreich und kann zur Anregung der Verdauung (statt herkömmlicher Kleie) ins Joghurt und Müsli gerührt werden. Als Zusatz im Brotteig erhöht sie den Ballaststoffgehalt des Brotes. Man erhält sie im Naturkostladen entweder in Form von Flocken oder als Pulver.

T I P P

Zuckerrübenkleie oder Hirseflocken können bei der Zubereitung von faschierten Laibchen das sonst übliche eingeweichte Brot ersetzen. Damit das Faschierte saftiger wird, mischt man noch ein bisschen Topfen darunter. Auch für Diabetiker ist diese Rezeptur geeignet.

Fünf Fragen an den Küchenprofi

Haubenkoch Johann Pabst ist Küchenchef im Hotel „Der Steirerhof", Bad Waltersdorf.

Kochen Sie glutenfrei?
Nicht prinzipiell, aber gerne auf Bestellung bzw. in Rücksprache mit unseren Gästen. Das ist kein Problem für uns, denn jeder Koch ist diesbezüglich gut eingeschult. Wir haben immer glutenfreie Produkte im Haus, von den glutenfreien Bröseln bis hin zum glutenfreien Mehl – und natürlich sämtliche speziell dafür geeignete Getreidesorten. Früher ist es öfter vorgekommen, dass sich Gäste ihr eigenes Brot von zu Hause mitgebracht haben, doch das ließ sich nicht mit meiner Küchenphilosophie und die unseres 5-Sterne-Hauses vereinbaren. Wir haben also zunächst Bäcker gesucht, die uns glutenfreies Brot liefern konnten, doch das war ein schwieriges Unterfangen. In den ersten Jahren haben wir glutenfreies Mehl aus der Apotheke besorgt und das Brot selbst gebacken. Mittlerweile ist Zöliakie in Österreich sehr stark verbreitet und so mussten sich auch Backwarenhersteller und Lieferanten auf diese Situation einstellen. Inzwischen kann wirklich auf jeden Wunsch individuell eingegangen werden und wir können unseren Gästen eine vollwertige Palette glutenfreier Produkte anbieten.

Kann man mit glutenfreiem Mehl Saucen binden?
Absolut, doch Saucen und Suppen habe ich persönlich schon immer lieber mit Stärkemehl oder geriebenen Erdäpfeln gebunden. Das glutenfreie Mehl verwende ich z. B. für Palatschinken oder zum Backen: Denn warum sollen Zöliakie-Patienten sich kein Backhendl schmecken lassen können?

Oft gibt es das Problem, dass Backwaren aus glutenfreiem Mehl nicht so richtig resch werden ...
Das lässt sich leicht verhindern, indem man ein bisschen Stärkemehl dazugibt, ähnlich wie bei einem Tempurateig: Auf ein Kilo Mehl mischt man ein, zwei Teelöffel Stärkemehl, denn Stärke macht alles knusprig. Für diejenigen, die sich ihr Gebäck nicht selbst backen wollen, bieten wirklich gut bestückte Bäckereien schon ein reichhaltiges Angebot.

Mit welchen Getreidesorten kochen Sie?
Für glutenfreie Speisen verwenden wir vor allem Quinoa, das ein bisschen nach Nuss schmeckt, natürlich Hirse und Polenta – entweder als Beilage oder als vegetarischen Hauptgang. Auch spielen sämtliche Reissorten in unserer Küche eine wichtige Rolle. **Tipp:** Man kann Polenta auch in der Mühle ganz fein zu Mehl zermahlen, das wiederum sehr gut weiterzuverarbeiten ist.

Glauben Sie, dass sich in Zukunft das Angebot der meisten Restaurants mehr in Richtung glutenfreie Kost bewegen wird bzw. dass Speisen diesbezüglich auch in den Speisekarten gekennzeichnet werden?
Davon bin ich absolut überzeugt. Schon allein deshalb **muss** dies passieren, weil es immer mehr Zöliakie-Patienten gibt. Ein ernsthafter Gastronom wird sich dieser Entwicklung nicht verschließen und seine Menükarten dementsprechend anpassen. Es ist auch wichtig, dass Servicemitarbeiter ebenfalls genau darüber Bescheid wissen, woraus die verschiedenen Gerichte bestehen, um diesbezüglich Fragen beantworten zu können.

Ausgewählte Lieblingsrezepte von Johann Pabst finden Sie auf den Seiten 108, 110 und 123.

Tipps und Tricks für die glutenfreie Küche

- Verzichten Sie nicht schlagartig auf alles, was Ihnen bislang geschmeckt hat! Das frustriert nur. Sehen Sie sich in gut sortierten Supermärkten oder Bioläden um. Für die meisten Ihrer Lieblingsspeisen gibt es glutenfreie Alternativen. Ersetzen Sie Bröseln (Paniermehl) durch glutenfreie Bröseln und Weizen- oder Dinkelmehl durch glutenfreie Sorten.
- Glutenfreie Produkte erkennen Sie an dem Symbol der durchkreuzten Ähre.
- Die sogenannte „Fusion-Küche" bringt Gerichte aus unterschiedlichen Kulturkreisen an einen Tisch. Das ist modern und liefert witzige Anregungen: Bedienen Sie sich bei Zutaten und Rezepten aus fernen Ländern. Genießen Sie zuhause all das, was Ihnen im Urlaub immer schon gut geschmeckt hat: Spanische Paella wird aus Reis gemacht und ist daher glutenfrei, lateinamerikanische Tortillas sind aus Maismehl, indische Currys werden mit Kichererbsenmehl gebunden. Da in vielen Ländern Weizen nicht (oder nur sehr eingeschränkt) angebaut wird, sind internationale Spezialitäten oft glutenfreier als man ahnt. Man muss sich nur ein bisschen umsehen.
- Gemüseeintöpfe können Sie ganz einfach ohne Mehl eindicken, indem Sie gekochte weiße Bohnen im Mixer pürieren und die so gewonnene Bohnenpaste in den Eintopf rühren. Das gibt einen feinen, cremigen Geschmack und obendrein profitieren Sie von den wertvollen Inhaltsstoffen der Bohnen. Die meisten Menschen essen ohnehin zu wenig Hülsenfrüchte. Auf diese Art können Sie auch Kindern, die beim Anblick von Bohnen das Gesicht verziehen, problemlos ein paar dieser hochwertigen Eiweißlieferanten „unterjubeln".

ACHTUNG!

Dieser Tipp bezieht sich auf Bohnen, die Sie selbst weich gekocht haben. Fertige Bohnendosen können sehr wohl Gluten enthalten.

- Probieren Sie es einmal mit Kartoffelpüreeflocken anstelle von Bröseln. Das ergibt eine interessante Panier (Panade). Eine leckere und originelle Panier erhalten Sie auch, wenn Sie die Bröseln durch zerstoßene glutenfreie Cornflakes ersetzen.
- Weizengrieß lässt sich gut durch Maisgrieß ersetzen. Damit gelingen Lieblingsgerichte wie Grießnockerln, Grießpudding, Grießflammeri oder auch eine legierte Grießsuppe mit Gemüse.

- Für faschierte Laibchen (Frikadellen) bzw. für Ihren Stefaniebraten können Sie glutenfreie Bröseln (Paniermehl) oder eingeweichte glutenfreie Semmeln verwenden. Als Alternative sind auch Hirseflocken oder Zuckerrübenkleie geeignet (*siehe Seite 52*).
- Finger weg von Gewürzmischungen! Kochen Sie mit unvermischten Gewürzen und vielen frischen Kräutern. Das schmeckt nicht nur besser, oft ist es auch billiger als vorgefertigte Produkte. Außerdem haben Sie so die Garantie, dass Sie sich kein verstecktes Gluten in den Kochtopf einladen.
- Achten Sie auf die Inhaltsstoffe bei Suppenwürfeln (Brühwürfeln). Es gibt glutenhältige und glutenfreie Varianten.
- Heutzutage gibt es eine große Vielfalt an glutenfreiem Brot und Gebäck. Wenn Sie dennoch lieber selbst backen wollen, gönnen Sie sich einen Brotbackautomaten. Backen Sie nur ein, zwei Mal im Jahr Brot, zahlt sich die Anschaffung nicht aus (das Gerät nimmt recht viel Platz ein), haben Sie aber vor, regelmäßig zu backen, ist es eine enorme Erleichterung. (Beachten Sie aber bei Küchengeräten generell die Gefahren einer Kontamination durch glutenhaltiges Getreide – *siehe Seite 59.*) Grundsätzlich sind sämtliche glutenfreien Mehle auch zur Verwendung im Brotbackautomaten geeignet, allerdings weicht die Menge der benötigten Flüssigkeit von herkömmlichen Mehlen ab. Sie müssen es einfach ausprobieren und sich nicht frustrieren lassen, wenn es nicht gleich beim ersten Mal perfekt klappt. (Wenn Ihnen Brot misslingt, können Sie es zu glutenfreien Bröseln weiterverarbeiten.)
- Glutenfreies Brot bleibt nicht so lange frisch. Sie können es aber in Scheiben einfrieren und immer nur so viel auftauen bzw. aufbacken, wie Sie am nächsten Tag benötigen. Dadurch haben Sie immer frisches, knuspriges Brot zur Hand.

Zöliakie

Zöliakie im Alltag

Das Problem der Kontamination

Viele Lebensmittel (wie z. B. Reis) sind von Natur aus glutenfrei und für die Zöliakiekost geeignet. Probleme treten aber bei Anbau und Verarbeitung von glutenfreien Lebensmitteln auf, wenn diese beispielsweise in Bäckereien erfolgt, in denen auch glutenhältige Backwaren hergestellt werden.

Mögliche Quellen der Kontamination bei industrieller Erzeugung

- Wenn auf ein und demselben Acker zuvor glutenhältiges Getreide angebaut wurde, kann es zur Kontamination durch Fremdkörner kommen. Diese Kontamination entsteht übrigens nicht nur durch die (manchmal notwendige) Fruchtfolge im Ackerbau, sondern auch durch benachbarte Felder.
- Hülsenfrüchte sind per se glutenfrei. Sie können aber unter Umständen an glutenhaltigen Rankhilfen gewachsen sein.
- Auch in der weiteren Verarbeitungskette (Ernte, Reinigung, Lagerung, Transport, Vermahlung, Absackung etc.) können ungewollte Vermischungen auftreten. Die meisten Hersteller können nicht dafür garantieren, dass die bei der Ernte verwendeten Maschinen nicht glutenbelastet sind. Auch die Trocknung des Getreides erfolgt gemeinhin nicht in getrennten Lagerräumen.

Es gibt jedoch sehr wohl Anbieter, die hier eine strenge Kontrolle ausüben.

Eine umfassende Kennzeichnungspflicht hilft Konsumenten, sich zu orientieren und eventuell glutenbelastete Produkte zu erkennen.

Darüber hinaus kann es auch bei sorgfältig ausgewählten glutenfreien Produkten zur Kontamination kommen. Nämlich in Ihrer eigenen Küche ...

Bedenken Sie, dass bereits ein Viertel Gramm Weizen die Dünndarmschleimhaut schädigen kann. Es ist daher wichtig, glutenfreie Lebensmittel nicht durch die gleichzeitige Zubereitung von glutenhaltigen Lebensmitteln zu verunreinigen. Das geht leider oft schneller, als man denkt. Unten stehend finden Sie diesbezüglich wichtige Hinweise. Die tatsächliche Handhabung ist natürlich vom Grad Ihrer Glutenempfindlichkeit abhängig. Es gibt Zöliakie-Betroffene, denen es nichts ausmacht, wenn einmal ein mit Gluten kontaminiertes Brotmesser verwendet wurde. Andere Betroffene reagieren sehr wohl. Sie können das selbst sicher am besten einschätzen bzw. in Absprache mit Ihrem Arzt abklären. Im Zweifelsfall sollten Sie jedoch unbedingt die Sicherheitshinweise beachten. Ihr Dünndarm wird es Ihnen danken!

Wie man eine mögliche Kontamination im eigenen Haushalt verhindert

- Lagern Sie glutenhaltige und glutenfreie Produkte nach Möglichkeit getrennt und in gut verschließbaren Gefäßen. Heben Sie z. B. glutenhältiges und glutenfreies Brot in separaten Brotdosen auf. (Eine gute Brotdose sollte übrigens immer luftdurchlässig sein.)
- Beschriften Sie diese Gefäße gut, damit es nicht zu Verwechslungen (z. B. bei Mehl) kommt. Wer in einem Haushalt lebt, in dem ausschließlich glutenfrei gekocht und gebacken wird, hat es diesbezüglich leichter.
- Eine ganz besondere Gefahr droht bei Getreidemühlen: Eine Getreidemühle darf niemals auch für glutenhaltiges Getreide verwendet werden, da sie sich nicht ausreichend reinigen lässt. (Das gilt auch für Flockenpressen, die allerdings in Haushalten seltener zu finden sind.) Getreidemühlen werden von den Herstellerfirmen „eingemahlen", bevor sie in den Handel kommen. Achten Sie beim Kauf darauf, dass Ihre Mühle mit glutenfreiem Getreide eingemahlen wurde. (Die Firmen wissen darüber Bescheid und können Ihnen das garantieren.)
  Aus diesem Grund sollten Sie auch kein Getreide im Bioladen mahlen lassen. Sie wissen nicht, wofür die dortige Getreidemühle vorher verwendet wurde!
- Ebenfalls betroffen sind elektrische Küchengeräte wie Brotschneidemaschinen, Brotbackautomaten, Toaster etc. Bitte legen Sie sich einen separaten Toaster zu. (Es gibt z. B. sehr kleine, handliche Toaster für einzelne Toastscheiben. Die nehmen weniger Platz ein.)

TIPP

Toastbag

Wenn Sie sich nicht extra einen zweiten Toaster zulegen wollen, besorgen Sie sich eine Tasche für Ihren Toast. Sogenannte „Toastbags" aus Teflon sind im Fachhandel erhältlich und dienen dazu, glutenfreies Schnittbrot auch in glutenbelasteten Toastern toasten zu können. Die Toastbags sind abwaschbar und praktisch, weil man sie auch in den Urlaub oder zu Freunden mitnehmen kann.

- Bevor Sie zu kochen beginnen, sollten Sie sämtliche Arbeitsflächen gründlich reinigen. (Daher sind Arbeitsflächen aus Holz nicht ideal, da Holz nicht ausreichend gereinigt werden kann.) Achten Sie darauf, ob die Schwämme, Geschirrtücher etc., die Sie zur Reinigung verwenden, eventuell auch eine Glutenbelastung aufweisen können. (Was haben Sie zuletzt damit gereinigt?) Wenn Sie nicht zwei getrennte Sets verwenden wollen, probieren Sie es mit Einweg-Putztüchern.

- Arbeitsgeräte, die mit glutenhaltigen Lebensmitteln in Kontakt kommen, sollten getrennt aufbewahrt und deutlich gekennzeichnet werden. Das gilt nicht nur für Brotmesser und Schneebesen, sondern auch für Backformen, Backbleche und Backpinsel. (Achtung: Holzkochlöffel lassen sich ebenfalls nicht ausreichend reinigen!)
- Wenn Sie glutenhaltige Spaghetti für Ihre Kinder kochen und in einem getrennten Topf glutenfreie Nudeln für sich selbst, achten Sie darauf, dass diese sinnvolle Trennung nicht beim Servieren aufgehoben wird, weil Sie mit ein und derselben Spaghettizange in den Topf langen. Gleiches gilt auch für Tortenschaufeln und jegliche andere Art von Vorlagebesteck.

Generell gilt: Machen Sie sich das Leben nicht komplizierter als nötig!

Sie können Ihre Empfindlichkeit am besten einschätzen. Es ist sicherlich sinnvoll, Küchenutensilien, die oft mit Getreide in Berührung kommen, getrennt zu verwahren, aber deshalb müssen Sie noch lange nicht jeden Kaffeelöffel und jedes Schneidbrett doppelt anschaffen. Seien Sie vorsichtig, aber übertreiben Sie nicht.

Medikamente, Kosmetika, Zahnpflege

Gluten findet sich nicht nur in Lebensmitteln. Medikamente, Lippenstifte und Produkte für die Mund- und Zahnpflege können ebenso Gluten enthalten. Das liegt daran, dass Gluten ein gutes Trägermaterial ist und etwa bei Arzneimitteln gerne als Hilfsstoff eingesetzt wird.

Ob ein Medikament Gluten enthält, ist anhand des Beipackzettels ersichtlich. Sie sollten Ihren Arzt auf jeden Fall darauf hinweisen, Ihnen glutenfreie Medikamente zu verschreiben und auch in der Apotheke zur Sicherheit noch einmal nachfragen.

Hinsichtlich der Verwendung glutenhältiger Lippenstifte und Zahnpflegeprodukte gibt es unterschiedliche Meinungen. Schließlich gibt es kaum Menschen, die Lippenstift essen. Die Chance, dass Ihr Dünndarm tatsächlich mit der krankmachenden Substanz in Berührung kommt, ist also gering. Bei Kindern, die begeistert ihre Zahnpasta essen, sieht die Sache allerdings wieder anders aus.

Wie so oft gilt daher auch hier: Der einzige Mensch, der die Situation einschätzen kann, sind Sie! Vorsicht ist sicherlich angebracht, Panikreaktionen nicht.

Zöliakie im Urlaub

Generell finden Sie in allen Restaurants glutenfreie Speisen auf der Speisekarte. Bestimmte Zutaten können Sie auch ab- bzw. umbestellen. Fragen Sie z. B. nach Reis oder Kartoffeln als Beilage anstelle von Nudeln, Spätzle, Knödeln und Co. Erkundigen Sie sich beim Servierpersonal genau nach den Zutaten von Suppen, Saucen und Marinaden. Im Zweifelsfall bitten Sie darum, den Salat mit Essig und Öl angerichtet zu bekommen.

Zahlreiche Hotels und Pensionen haben sich inzwischen auf Kunden mit Zöliakie eingestellt. Eine entsprechende Liste liegt bei den Zöliakie-Gesellschaften des jeweiligen Landes auf. Wichtig ist es, den Wunsch nach glutenfreier Kost bereits bei der Reservierung bekannt zu geben.

Darüber hinaus bietet es sich auch an, einen Campingurlaub zu planen oder eine Ferienwohnung zu mieten. So können Sie sich im Urlaub Ihre Speisen selbst zubereiten und auf Nummer sicher gehen.

Schwieriger wird es im Ausland. Da empfiehlt es sich, gegebenenfalls eigenes glutenfreies Brot mitzunehmen. Wenn Sie länger unterwegs sind, packen Sie glutenfreie Cracker oder Knäckebrot ein. In manchen Ländern gibt es Bestimmungen, die die Einfuhr von Lebensmitteln einschränken oder nicht gestatten. Diese beziehen sich aber in der Regel nicht auf Lebensmittel in noch ungeöffneter Originalverpackung.

Wenn Sie eine Flugreise unternehmen, können Sie im Vorfeld den Wunsch nach glutenfreiem Essen äußern. (Bei längeren Flügen sollten Sie aber sicherheitshalber selbst eine Kleinigkeit einstecken, für den Fall, dass etwas mit Ihrer Bestellung nicht geklappt hat.)

Auch im Ausland wird man Ihnen gerne weiterhelfen, wenn Sie erklären, worum es geht. Wenn Sie sich in puncto Aussprache nicht ganz sicher sind, schreiben Sie den Begriff auf einen Zettel, den Sie bei Bedarf zeigen können.

ZÖLIAKIE HEISST AUF...

Englisch	Coeliac disease	**Holländisch**	Coeliakie
Französisch	Maladie cœliaque	**Polnisch**	Celiakia
Spanisch	Celiaquía	**Portugiesisch**	Doença celíaca
Italienisch	Celiachia	**Ungarisch**	Lisztérzékenység
Schwedisch	Glutenintolerans	**Dänisch**	Cøliaki
Türkisch	Çölyak hastalığı	**Tschechisch**	Celiakie

Kind & Zöliakie

Zöliakie ist nicht erblich, tritt aber in Familien gehäuft auf. Es wurde auch ein Zusammenhang zwischen der Länge der Stillzeit und Zöliakie entdeckt. Ferner spielt der Zeitpunkt, an dem ein Baby das erste Mal mit glutenhaltiger Kost konfrontiert wird, eine entscheidende Rolle.

In den ersten vier Monaten *muss* jede Säuglingsnahrung absolut glutenfrei sein. Wenn Ihr Kind voll gestillt wird, stellt sich die Frage nicht. Auch industriell gefertigte Milchnahrung für Babys (z. B. PRE-Milch) ist glutenfrei. Über diese Mindestzeit hinaus empfehlen Kinderärzte, den Säugling noch *mindestens zwei weitere Monate* zu stillen bzw. mit dem Fläschchen zu ernähren. Mit der Beikost sollte frühestens ab dem sechsten Lebensmonat begonnen werden.

Es hat aber auch keinen Sinn, die Gabe von Getreide ewig hinauszuzögern. Im Laufe des ersten Lebensjahres sollten Babys Getreide bekommen – schon deshalb, um zu sehen, wie sie darauf reagieren und ob eventuell eine Zöliakie besteht. Eine Untersuchung auf Zöliakie lässt sich frühestens ab dem sechsten Monat durchführen.

Generell gilt: Je länger Sie stillen und je später Sie glutenhaltige Kost in den Speiseplan Ihres Babys einführen, desto besser für Babys Darm!

Beikost – aber wie?

Es wird empfohlen, ab dem sechsten Monat schrittweise mit der Beikost zu beginnen. Dafür werden leicht verdauliche Lebensmittel verwendet. Bedenken Sie, dass der Verdauungsapparat Ihres Kindes noch nicht ausgereift ist und nicht überfordert werden soll.

Im Idealfall lernt das Kind eine neue Zutat pro Woche kennen. So kann man gut beobachten, wie es bestimmte Lebensmittel verträgt und ob vielleicht eine Allergie besteht. Je früher Sie Unverträglichkeiten und Allergien erkennen, desto besser für Sie und Ihr Kind.

Ein Beispiel: Babys erster Brei besteht in der Regel aus Karotten. Geben Sie Ihrem Kind eine Woche lang ausschließlich Karottenbrei, beginnend mit wenigen Löffeln. Zeigt es keine Reaktionen (abgesehen davon, dass sich sein Stuhl entsprechend verändern wird), hat es die Karotten gut vertragen. Sie können also in der nächsten Woche damit beginnen, eine neue Zutat einzuführen, z. B. Kartoffeln oder Reisflocken, die sie in den Karottenbrei mischen.

Verträgt Ihr Baby auch diesen Brei eine Woche lang problemlos, dann ergänzen Sie ihn in der darauffolgenden Woche vielleicht mit ein bisschen Putenfleisch. Dadurch, dass Sie die jeweiligen Zutaten isoliert betrachten und austesten, lässt sich leicht herausfinden, welche Zutat es ist, auf die Ihr Baby gegebenenfalls allergisch reagiert.

Üblicherweise ist Reis das erste „Getreide", mit dem der kindliche Darm konfrontiert wird. Reis ist leicht verdaulich und glutenfrei. Man kann Reisflocken kaufen, die dem Babybrei beigemengt werden.

ZUM AUSPROBIEREN:

Birnen-Reis-Brei (ca. ab dem 7. Monat)

Schälen, vierteln und entkernen Sie eine Birne und dämpfen Sie sie anschließend im Dampfgarer weich. Das dauert ca. acht Minuten. Sie können die Birne auch unter Zugabe von *wenig* Wasser in einem Topf weich kochen. Generell empfiehlt sich aber die Zubereitung im Dampfgarer, weil dadurch die Vitamine und Nährstoffe besser erhalten bleiben. Oft haben Dampfgarer eine Vorrichtung, die das Kochwasser auffängt. Geben Sie Birne, Kochwasser und ein bis zwei Esslöffel Reisflocken in einen Mixbecher. Dazu kommt ein Teelöffel Öl (um die fettlöslichen Vitamine für den Körper verwertbar zu machen). Pürieren Sie sämtliche Zutaten mit dem Stabmixer und servieren Sie Ihrem Kind den Brei frisch. Das ist wichtig, weil durch längeres Aufbewahren und Warmhalten viele Vitamine verloren gehen. Achten Sie aber auf jeden Fall darauf, dass der Brei nicht zu heiß ist.

Im Laufe der Zeit können Sie beginnen, schrittweise andere Getreidesorten anzubieten. Weizengrieß ist bei den meisten Babys sehr beliebt – Sie werden ja sehen, wie die Reaktionen darauf ausfallen.

Wird eine Zöliakie früh erkannt, verläuft sie problemlos. Mangelernährung und Wachstumsstörungen treten gar nicht erst auf. Außerdem hat das Kind keine Vorstellung von jenen Lebensmitteln, die es nicht essen darf. Es „geht ihm also nichts ab" und die Diät ist leichter durchzuhalten.

Schwierig ist es, wenn Symptome so schwach ausfallen, dass sie übersehen oder nicht erkannt werden. Diesen Kindern steht oft ein langer Leidensweg bevor.

Bei vielen Kindern bricht die Zöliakie erst später aus (oder wird erst später diagnostiziert). Hier ist die Umstellung auf Zöliakiekost schwieriger. Auf jeden Fall müssen Kindergarten und Schule informiert werden, wenn das Kind dort Mahlzeiten zu sich nimmt. Je informierter ein Kind ist, desto leichter kann es mit der Umstellung umgehen. Die Informationen sollten aber natürlich altersadäquat sein und das Kind nicht überfordern.

TIPP

Sehen Sie sich nach einem Kinderbuch um, das Zöliakie als Thema hat. Damit helfen Sie Ihrem Kind, die Diagnose zu verstehen und zu verarbeiten. (Allerdings hinkt der deutschsprachige Markt hier noch ein wenig nach. Auf Englisch gibt es eine ganze Reihe von Kinderbüchern und Kinderkochbüchern für kleine Zöliakie-Patienten.)
Auch Patientenorganisationen wie die *Österreichische Arbeitsgemeinschaft Zöliakie* bieten spezielle Broschüren für Kinder an.
Unter **www.coeliakie.de** können Sie sich eine Zöliakiefibel für Kinder ausdrucken.
Ein entzückendes Bilderbuch ist „Gibt es eigentlich Brummer, die nach Möhren schmecken?" aus der „Nulli & Priesemut"-Serie von Matthias Sodtke. Es handelt nicht von Zöliakie, eignet sich aber dennoch gut, weil es beschreibt, dass ein Hase ganz andere Sachen isst als ein Frosch und dass die beiden trotzdem gute Freunde sein können.

Wenn Ihr Kind zu Kinderfesten und -geburtstagen eingeladen ist, informieren Sie die Eltern des Geburtstagskindes und geben Sie Ihrem Kind seine eigenen Süßigkeiten bzw. sein eigenes glutenfreies Kuchenstück mit, damit es den anderen Kindern nicht beim Essen zuschauen muss.

Achten Sie überhaupt darauf, immer einen ausreichenden Vorrat an glutenfreien Naschereien zuhause zu haben, die nur Ihrem Kind gehören und von niemand anderem „weggegessen" werden dürfen. (Das gilt insbesondere für Geschwisterkinder, *die vielleicht nicht* von Zöliakie betroffen sind.) Ihr Kind wird sicher stolz darauf sein, im Küchenschrank einen eigenen kleinen Bereich zu haben, der nur ihm allein gehört.

WAS IST EINE SOS-KAPSEL?

Eine SOS-Kapsel ist ein international anerkannter „Lebensretter", eine kleine, wasserfeste Kapsel, die an einer Halskette oder am Schlüsselbund getragen wird. Sie enthält in mehreren Sprachen wichtige medizinische Informationen über ihren Träger und wird vor allem Patienten mit chronischen Krankheiten und Allergien empfohlen.
Man erhält sie in Apotheken. Im Falle eines Unfalls ist das Rettungspersonal angewiesen, nach einer SOS-Kapsel zu suchen, damit bei der Behandlung keine gefährlichen Fehler passieren. Zur Sicherheit Ihres Kindes sollten Sie ihm eine besorgen.

Patientenvertretungen: Ein Rückhalt für Betroffene

„Nun mischen sich schon die Kassen und das Pflegepersonal in die Behandlung ein. Am Ende kommt es noch so weit, dass die Patienten mitreden wollen!" – *Gerhard Kocher, „Vorsicht, Medizin!"*

Öffentlichkeit schaffen für jene Menschen, die zwar ein Problem haben, aber keine Vertretung, keine Unterstützung und keine Möglichkeit, auf ihre Anliegen hinzuweisen – das war schon immer die Kernkompetenz von Interessenverbänden bzw. NGOs.

Patientenorganisationen nehmen hier eine Sonderstellung ein, denn ihre Aufklärungs- und Informationsarbeit läuft, wenn man so will, in zwei Richtungen – nach „oben" und nach „unten". So sollen etwa Entscheidungsträger, Medien, Öffentlichkeit informiert werden, wenn es um Themen wie Volldeklaration oder erweiterte Familienbeiträge geht, gleichzeitig gilt es, Betroffenen im Alltag mit Rat und Tat zur Seite zu stehen. Zöliakie-Betroffene haben die Möglichkeit, die niederschwelligen Angebote der einzelnen Landesorganisationen zu nützen: Publikationen, Urlaubsinformationen, glutenfreie Lebensmittellisten sowie Informationsveranstaltungen, Seminare usw.

Adressen

Österreichische Arbeitsgemeinschaft Zöliakie
Anton-Baumgartner-Straße 44/C5/2302
A-1230 Wien
E-Mail: zoeliakie.oesterreich@utanet.at
Internet: www.zoeliakie.or.at

Deutsche Zöliakie-Gesellschaft e.V
Filderhauptstr. 61
D-70599 Stuttgart
E-Mail: info@dzg-online.de
Internet: www.dzg-online.de

Interessengemeinschaft für Zöliakie der Deutschen Schweiz
Birmannsgasse 20
CH-4055 Basel
E-Mail: sekretariat@zoeliakie.ch
Internet: www.zoeliakie.ch

Fünf Fragen an die Interessenvertretung

Hertha Deutsch (AOECS) ist seit mehr als 20 Jahren Vorsitzende der Österreichischen Arbeitsgemeinschaft Zöliakie.

Die „Österreichische Arbeitsgemeinschaft Zöliakie" ist eine Organisation von Betroffenen für Betroffene. Inwiefern hat ein solcher Verein die Möglichkeit, auch Einfluss auf politische Entscheidungen zu nehmen?

Die beste Möglichkeit besteht im Zusammenschluss aller nationaler Zöliakievereine zu einer europäischen Dachorganisation. Daher haben einige Länder, darunter auch Österreich, bereits 1988 die AOECS, *Association of European Coeliac Societies*, gegründet.

Sie haben in Ihrer Vereinsarbeit viel bewegen können. Welche Erfolge liegen Ihnen besonders am Herzen?

Ich konnte die österreichische Regierung überzeugen, dass die Verwendung glutenhältiger Zutaten ohne Deklaration nicht weiter toleriert werden soll. Österreich hat daher Pionierarbeit geleistet, denn durch diese Forderung von Österreich im weltweiten Codex-Gremium kamen auch andere Zutaten auf die „Codex List of Hypersensitivity", die weitere Bevölkerungsgruppen nicht vertragen.
Ich bin seit 1992 die AOECS-Delegierte im weltweiten Codex und konnte daher alle Regierungen und internationalen Organisationen überzeugen, dass Konsumenten das Recht haben sollten, zu wissen, was in den Lebensmitteln enthalten ist, vor allem, wenn sie an einer Allergie oder Intoleranz leiden. Nun sind alle relevanten Codex-Standards zum Schutz der Zöliakie-Betroffenen geändert, z. B.: lückenlose Kennzeichnung aller glutenhältigen Zutaten; Weizengluten darf nicht mehr aus technologischen Gründen oder als Überzugsmittel für Lebensmittel verwendet werden, die von Natur aus glutenfrei sind; es dürfen keine zöliakieauslösenden Getreide-Gene in andere Zutaten verpflanzt werden u.v.m.

Haben Sie den Eindruck, dass auch auf Seiten der Lebensmittelindustrie in den letzten Jahren ein Umdenkprozess hinsichtlich Allergien und Intoleranzen stattgefunden hat?

Ja, absolut, denn durch die Übernahme der von der Codex Alimentarius Kommission 1999 beschlossenen *„List of Hypersensitivity"* und der daraus folgenden EU-Richtlinie 2003/89 müssen alle Zutaten, die Allergien oder Intoleranzen auslösen können, deklariert werden. Damit hat durch die Deklarationspflicht die Bewusstseinsbildung stattgefunden, dass es zahlreiche Bevölkerungsgruppen gibt, die nicht alles essen können.

Wie arbeitet die Codex Alimentarius Kommission?

Sie beschließt Codex-Standards und Richtlinien, die in der Regel von allen Regierungen weltweit in nationales Lebensmittelgesetz übernommen werden. Diese Standards und Richtlinien werden in diversen Codex-Komitees von Regierungsvertretern und Delegierten von internationalen Organisationen erarbeitet.

Welche Verbesserungen für Zöliakie-Betroffene möchte die AOECS in naher Zukunft noch erreichen?

Wir möchten den Bekanntheitsgrad der Zöliakie verbessern, vor allem auch bei den Ärzten. Daher weisen wir auf unserem Stand bei der jährlichen *European Gastroenterology Week* mit Informationsmaterial und Poster darauf hin, dass nur einer von zehn Zöliakie-Betroffenen diagnostiziert ist.

Ein paar Worte zu den Rezepten

Die Rezepte sind – sofern nicht anders angegeben – für vier Personen berechnet. Sie wurden so ausgewählt, dass Sie gut eine Woche lang einzig und allein mit diesem Kochbuch Ihr Auskommen finden können. (Das heißt, wenn Sie eher wählerisch sind und Ihnen nicht alles zusagt, andernfalls kommen Sie länger aus.)

Mit vielen Kochbüchern gleichzeitig zu hantieren, ist mühsam. Sich das Hauptgericht aus einem, die Beilage aus dem zweiten und das Salatdressing aus dem dritten schweren Wälzer herauszusuchen, ist in einer durchschnittlich dimensionierten Küche eine ziemliche Herausforderung. Ja sicher, wenn Gäste kommen, macht man das gerne. Wenn man aber gerade dabei ist, sein Leben rund um die Diagnose „Zöliakie" neu zu organisieren, sollte die erste Zeit möglichst einfach sein. Verbannen Sie also vorläufig die Gourmet-Wälzer aus der Küche. (Sie können natürlich darauf zurückkommen, wenn Sie eine gewisse Trittsicherheit auf dem glutenfreien Parcours erworben haben.)

Für den Anfang sollten Sie mit diesem Buch gut versorgt sein. Es wurde darauf geachtet, dass für alle Arten von Mahlzeiten – Frühstück, kleine Imbisse, großes Essen am Familientisch, Kaffeepause etc. – Vorschläge vorhanden sind. Für viele Rezepte, die Sie bisher vielleicht in einer glutenhaltigen Variante gekannt haben, möchte ich Ihnen eine glutenfreie Alternative anbieten. Es haben aber auch einfache Gemüse-, Fisch- oder Fleisch-Rezepte Platz in diesem Buch gefunden. Also Gerichte, die von vornherein glutenfrei sind. Warum? Um Ihnen ein paar Ideen zu geben, welche kulinarischen Richtungen Ihnen nach wie vor offen stehen! (Sie haben bisher ja auch nicht jeden Tag gehaltvolle Getreidegerichte oder dick gebundene Saucen gekocht.)

Ihr Speiseplan wird in Zukunft nicht weniger vielfältig sein. Bloß das Spektrum dieser Vielfalt wird sich ein wenig verschieben.

In diesem Sinne: Viel Vergnügen beim Ausprobieren, Kennenlernen und Genießen!
Nicole Kolisch

Zöliakie

Kochrezepte

Topfen-Obst-Aufstrich

1 Apfel
120 g Beeren
4 EL Topfen
Saft von 1 Zitrone

Apfel schälen und fein raspeln, mit Zitronensaft beträufeln. Beeren klein schneiden oder zerdrücken. Mit dem Topfen verrühren. Auf glutenfreies Brot oder Toast streichen (oder dazulöffeln).

Kartoffelpuffer mit Räucherlachs

1 kg mehlige Kartoffeln (roh)
2 Eier
2 EL Kartoffelstärke
Salz, Pfeffer, Muskatnuss, Kümmel
Öl

1 Pkg. Räucherlachs

Leichte Joghurtsauce

1 Becher Magerjoghurt
1 TL Olivenöl
1 Bund Dille, gehackt
Salz, Pfeffer
1 gepresste Knoblauchzehe (nach Geschmack)

Kartoffeln schälen, fein raspeln, in ein Sieb geben und gut auspressen (siehe Tipp Knusprige Kartoffelfische, *Seite 105*). Dabei unter dem Sieb eine Schüssel stehen lassen, um die Flüssigkeit aufzufangen. Ein paar Minuten stehen lassen und nun die Kartoffelstärke, die sich auf dem Boden der Schüssel abgesetzt hat, wieder unter die Kartoffeln mischen. Restliche Kartoffelstärke und Eier unterrühren. Mit Gewürzen abschmecken.

Öl in einer Pfanne erhitzen; kleine Portionen des Kartoffelpufferteiges in die Pfanne setzen, mit einem Löffel flachdrücken und die Puffer auf beiden Seiten knusprig braten. Auf Küchenpapier abtropfen lassen und im Backrohr warm stellen.

Für die Sauce sämtliche Zutaten im Mixer mixen.

Servieren Sie auf jedem Kartoffelpuffer eine einmal gefaltete Scheibe Räucherlachs und dazu einen Klecks Sauce.

Tipp: *Eignet sich hervorragend für den gemütlichen Sonntagsbrunch. Statt der Joghurtsauce können Sie es auch mit einer Honig-Senf-Sauce probieren (siehe Seite 98).*

Apfel-Bananen-Creme

4 Äpfel
2 schön reife Bananen
Saft von 1 Zitrone
ca. 7 EL Mandeln, gerieben
Honig

Äpfel schälen, fein reiben und sofort mit Zitronensaft vermischen, damit sie nicht braun werden. Bananen mit der Gabel zerdrücken oder mit dem Mixer pürieren. Dann das Bananenpüree mit der Apfelmasse vermengen, die geriebenen Mandeln einrühren und mit Honig abschmecken.

Sellerieaufstrich

100 g Sellerie
1 kleiner Apfel
etwas Zitronensaft
100 g Crème fraîche
Salz, Pfeffer, Walnusskerne
(evtl. einige Ananasstücke)

Sellerie und Apfel schälen und fein raspeln. Sofort mit Zitronensaft vermengen, damit es zu keinen Verfärbungen kommt. Crème fraîche glatt rühren und unter die Sellerie-Apfel-Mischung heben. Nach Geschmack Ananasstücke einrühren, mit Salz und Pfeffer abschmecken und mit grob gehackten Walnüssen bestreuen.

Tipp: *Sellerie gilt als „Anti-Aging-Nahrungsmittel" mit zellschützenden und den Zellstoffwechsel fördernden Funktionen. Darüber hinaus enthält die Wurzel Natrium, Kalium sowie die Vitamine A, B, C und E. Wer den Geschmack von roher Sellerie nicht so gerne mag, kann es einmal mit einer Selleriecremesuppe probieren.*

Frühstücksweckerl aus Topfenteig

500 g glutenfreie Mehlmischung
(z. B. Hammermühle Mehl-Mix hell)
200 ml lauwarmes Wasser
1 Pkg. Trockengerm
250 g Magertopfen
1 EL Zucker
1 – 2 TL Salz
Milch, Eidotter oder Öl zum Bestreichen

Aus 100 g Mehl mit Germ und lauwarmem Wasser ein „Dampfl" anrühren. Teigschüssel mit einem feuchten Geschirrtuch abdecken und etwa 15 Minuten ruhen lassen. Die restlichen Zutaten dazugeben und den Teig kräftig durchkneten.

Frühstücksweckerln formen und die Weckerln auf ein mit Backpapier ausgelegtes Backblech legen. Die Oberfläche mit Wasser bestreichen, etwa 30 Minuten an einem warmen Ort gehen lassen.

Danach die Teigoberfläche mit Milch, Eidotter oder Öl bestreichen und ein paar Mal einschneiden, sodass ein „Weckerlmuster" entsteht. Im vorgeheizten Ofen bei 200 Grad backen. Die Backzeit hängt von der Größe der Weckerln ab. Machen Sie etwa nach 20 Minuten die Nadelprobe (*siehe Seite 117*).

Karins Honig-Sesamweckerl

800 g glutenfreies Mehl
200 g Sesam
2 TL glutenfreies Brotgewürz
(z. B. Lebensbaum)
2 Pkg. Trockengerm
4 EL Öl
2 TL Salz
3 EL Honig
ca. 300 ml lauwarmes Wasser
Öl oder Eidotter zum Bestreichen

Zuerst alle trockenen Zutaten vermischen, dann die flüssigen Zutaten einrühren und zu einem glatten Teig kneten. Abdecken und ca. eine halbe Stunde an einem warmen Ort rasten lassen.

Backrohr auf 175 Grad vorheizen.

Weckerln formen, auf ein mit Backpapier ausgelegtes Backblech setzen und noch einmal eine halbe Stunde gehen lassen. Mit Eidotter oder Öl bestreichen und mit einigen Sesamkörnern bestreuen. 15 – 20 Minuten backen.

Ergibt ca. 15 Weckerln.

Tipp: *Brotgewürz lässt sich auch selbst herstellen. Mischen Sie dafür zu gleichen Teilen Fenchelsamen, Kümmel, Anis und Koriander. Je nach Geschmack können Sie die Zutaten gröber oder feiner gemahlen weiterverarbeiten und mit anderen Gewürzen (z. B. Oregano, Rosmarin) ergänzen.*

Glutenfreies Gebäck

Rezept von Clemens Waldherr

350 g warmes Wasser
690 g glutenfreies Mehl
15 g Salz
40 g Hefe
40 g Margarine

Alle Zutaten in eine Schüssel geben und so lange verkneten, bis ein glatter Teig entsteht. Vorsicht mit der Wasserzugabe: Es ist gut, etwas Flüssigkeit zurückzuhalten, da nicht jedes Mehl gleich viel Wasser aufnimmt.

Die Schüssel mit dem Teig an einem warmen Ort ca. 10 – 15 Minuten zugedeckt stehen lassen.

Aus dem Teig ca. 100 g schwere Weckerln (länglich oder rund) formen und nach Belieben mit verschiedenen Körnern (Sesam, Kürbiskerne ...) bestreuen.
Auf das Backblech setzen und nochmals 15 – 20 Minuten zugedeckt an einem warmen Ort stehen lassen.

Im vorgeheizten Backrohr bei ca. 230 Grad 15 – 20 Minuten goldgelb backen.

Ergibt ca. 11 Stück Gebäck.

Tipp: *Eine Schüssel mit Wasser ins Rohr stellen.*

Dunkles Brot

Rezept von Clemens Waldherr

500 g warmes Wasser
350 g helles, glutenfreies Mehl
350 g Hammermühle Mehl rustikal
20 g Salz
40 g Hefe
40 g Margarine
10 g Kakao
10 g Kümmel, Fenchel

Alle Zutaten in eine Schüssel geben und zu einem glatten Teig verkneten. Vorsicht mit der Wasserzugabe: Es ist gut, etwas Flüssigkeit zurückzuhalten, da nicht jedes Mehl gleich viel Wasser aufnimmt.

Die Schüssel mit dem Teig an einem warmen Ort 10 – 15 Minuten zugedeckt stehen lassen.

Den Teig in zwei gleich große Teile teilen und diese rund oder länglich formen. Auf ein Backblech setzen oder in eine Kastenform geben.

Nochmals zugedeckt an einem warmen Ort 15 – 20 Minuten stehen lassen.

Im vorgeheizten Backrohr bei ca. 230 Grad 35 – 40 Minuten goldgelb backen. Nach 10 Minuten die Temperatur auf 210 Grad reduzieren.

Ergibt 2 Laib Brot.

Tipp: *Eine Schüssel mit Wasser ins Rohr stellen.*

Russische Suppe, salzig-sauer („Rassolnik")

3 – 4 Salzgurken (je nach Geschmack evtl. auch etwas Sole aus dem Gurkenglas)
je 1 Kartoffel, Karotte, Gelbe Rübe
3 EL Buchweizen
1 Pastinake (inklusive Grün)
2 Zwiebeln
1 Frühlingszwiebel
1 Stange Sellerie
1 Bund Petersilie
1 EL Dill (fein gehackt)
1/2 EL Estragon (fein gehackt)
2 Lorbeerblätter
Pfefferkörner
25 g Butter
100 g Sauerrahm

Schälen Sie die Salzgurken und kochen Sie die Gurkenschalen mit 150 – 200 ml kochendem Wasser auf. Bei schwacher Hitze 10 – 15 Minuten köcheln lassen. Dann die ausgekochten Schalen aus dem Salzwasser entfernen und wegwerfen. Salzgurken klein schneiden, in die Flüssigkeit hineingeben und weitere 10 Minuten kochen.

Inzwischen Gemüse und Kartoffel putzen, fein würfeln. Buchweizen heiß waschen.

1,5 Liter Wasser zum Kochen bringen. Karotte, Gelbe Rübe, Pastinake, Kartoffel und Buchweizen 15 – 20 Minuten kochen. Dann Zwiebeln, Frühlingszwiebel und Stangensellerie hinzufügen und weitere 10 Minuten kochen.

Zuletzt die gekochten Salzgurken mit der Flüssigkeit hineingeben. Die Suppe abschmecken. (Falls Sie Ihnen nicht salzig genug ist, gießen Sie vorsichtig ein bisschen Salzgurkensole aus dem Gurkenglas dazu.)

Gewürze hinzufügen, mit Butter binden und noch 3 Minuten kochen. Gehackte Kräuter untermischen.

Servieren Sie Rassolnik mit einem großen Klecks Sauerrahm.

Aus der russischen Küche ist Buchweizen gar nicht wegzudenken. Besonders typisch sind auch kleine Pfannkuchen aus Buchweizen.
Die Saure-Gurken-Suppe Rassolnik wurde in Russland bereits im Mittelalter gekocht und lässt sich nach Belieben variieren. Wichtig ist jedoch, dass sie weder zu sauer noch zu salzig wird. Das Geheimnis liegt darin, die intensiveren Gemüsesorten möglichst ausgewogen mit neutralem Gemüse (Karotten, Pastinaken etc.) zu kombinieren.

Hühnersuppe mit Reis

500 g Hühnerklein
2 Karotten
1 Stange Lauch
1 Stange Sellerie
Saft von 1 Zitrone
80 g Langkornreis
2 Eier
1 Bund Petersilie, gehackt
Salz, Pfeffer, Lorbeerblatt

Hühnerklein mit Salz und Lorbeerblatt in 1,5 Liter Wasser aufkochen und danach 30 Minuten bei schwacher Hitze köcheln lassen. Zwischendurch den Schaum abschöpfen.

Karotten schälen, restliches Gemüse putzen und alles klein schneiden.

Hühnerklein aus der Brühe nehmen und zur Seite stellen. Wenn es abgekühlt ist, das Fleisch vom Knochen lösen. Gemüse und Reis 25 Minuten in der Suppe garen. Topf vom Herd nehmen und noch ein bisschen quellen lassen. Eier mit Zitronensaft verquirlen und unter die (leicht abgekühlte) Suppe rühren. Hühnerfleisch dazugeben, mit Salz und Pfeffer abschmecken.

Alles noch einmal unter Rühren erwärmen, aber nicht mehr aufkochen lassen.

Mit gehackter Petersilie servieren.

Tipp: *Ein bisschen hübscher sieht die Suppe aus, wenn Sie den Lauch nicht in Ringe, sondern der Länge nach in feine Streifen schneiden.*

Gelbe Paprikasuppe

2 Schalotten
1 Knoblauchzehe
1 EL Butter
1 Stange Zitronengras
1 daumennagelgroßes Stück Ingwer, geschält
3 gelbe Paprika
1/8 l Weißwein
Salz, Pfeffer, Koriander
400 ml Rindsuppe
250 g Sauerrahm
Koriandergrün

Paprika waschen, halbieren, entkernen und das Fruchtfleisch klein schneiden. Kurz zur Seite stellen.

Schalotten und Knoblauch schälen, fein schneiden und in Butter anschwitzen. Ingwer in feine Scheiben hobeln, Zitronengras klein schneiden, ebenfalls in den Topf geben, mit Koriander würzen und weiter unter Rühren anschwitzen.

Paprika dazugeben und kurz weiter anschwitzen. Mit Salz und Pfeffer würzen, mit Weißwein ablöschen. Flüssigkeit ein bisschen einkochen lassen, dann mit der Rindsuppe aufgießen und weich garen.

Suppe mit dem Stabmixer pürieren, durch ein feines Sieb gießen und Sauerrahm einrühren. Noch einmal abschmecken und mit gehacktem Koriandergrün servieren.

Paprika gilt als „Vitamin-C-Bombe“: Er hat im Vergleich zu allen anderen Gemüsesorten den höchsten Gehalt an Vitamin C, sogar mehr als Orangen. Reife Paprika sind darüber hinaus äußerst kalorienarm. Wussten Sie, dass es mehr als 2.000 verschiedene Sorten Paprika gibt? Gelbe Paprika sind empfindlicher als grüne. Sie sollten nicht länger als zwei bis drei Tage gelagert werden.

Mühlviertler Kartoffelsuppe

500 g Kartoffeln
125 g Champignons
1 Stange Lauch
1 EL Butter
3/4 l Gemüsebrühe
1 TL Apfelessig
1 EL gehackte Petersilie
1 Lorbeerblatt
Majoran, Salz, Pfeffer, Kümmel
250 g Rahm

Kartoffeln schälen und würfeln. Lauch in feine Ringe schneiden. Champignons putzen und vierteln. Kartoffeln und Gemüse in Butter andünsten, mit Gemüsesuppe aufgießen, Gewürze hinzufügen und ca. 20 Minuten bei geringer Hitze zugedeckt garen.

Suppe mit Essig abschmecken, von der Kochplatte ziehen, Lorbeerblatt entfernen. Rahm einrühren und mit Petersilie garnieren.

Tipp: *Besonders gut schmeckt die Suppe, wenn Sie braune Champignons verwenden. Wenn Sie es „gemüsiger" haben möchten, ersetzen Sie einen Teil der Kartoffeln durch Karotten.*

Frittatensuppe

1 l Wasser
1 Bund Suppengrün (Karotte, Petersilwurzel, Gelbe Rübe, Sellerie)
1/2 Zwiebel
2 – 3 fleischige Rindsknochen zum Auskochen
1 Lorbeerblatt, 1/2 TL Pfefferkörner
2 Zweige Petersilie
Salz

Für die Frittaten:
250 ml Milch, 4 EL Maisstärke
2 Eier, Salz
Öl zum Ausbacken
Schnittlauch

Suppengrün, Petersilie und Knochen waschen. In einen Topf geben, Zwiebel und Gewürze hinzufügen, mit Wasser bedecken und aufkochen lassen. Hitze reduzieren und Brühe ca. 3 Stunden lang köcheln lassen. Ab und zu Schaum abschöpfen. Dann abseihen. Gemüse und Knochen wegwerfen und nur die klare Brühe weiterverarbeiten.

Für die Frittaten Milch, Stärke, Eier und Salz zu einem dünnflüssigen Teig verarbeiten. Etwas Öl in einer Pfanne erhitzen und darin Palatschinken backen. Palatschinken zusammenrollen und nudelig schneiden. In die heiße Suppe geben und mit Schnittlauch bestreut servieren.

Tipp: *Sie können auch eine größere Portion Rindsuppe auf Vorrat kochen und portionsweise in Gefrierbeuteln einfrieren.*

Reisauflauf mit Wurzelgemüse

125 g Naturreis
500 ml Gemüsebrühe
1 Zwiebel
Saft von 1 Zitrone
2 Karotten
1 Gelbe Rübe
1 Kohlrabi
2 Eier
2 EL geriebener Käse
1 Bund Petersilie
Salz, Pfeffer, Muskatnuss

Die Gemüsebrühe aufkochen, den Reis zugeben und bei schwacher Hitze 30 – 40 Minuten kochen. Gemüse schälen, klein schneiden und nach ca. der Hälfte der Garzeit zum Reis geben.

Inzwischen die Petersilie hacken.

Backrohr auf 190 Grad vorheizen.

Wenn der Reis gar ist, mit Zitronensaft und Gewürzen abschmecken. Petersilie unterrühren.

Eier trennen, Eigelb mit Käse mischen und unter den Reis rühren. Eiweiß zu steifem Schnee schlagen und vorsichtig unterheben. Reismasse in eine gebutterte Auflaufform füllen und etwa 30 Minuten backen.

Dazu passt ein frischer grüner Salat mit Joghurtdressing.

Fischfilet im Gemüsebett mit Weißweinsoße

Rezept von Elisabeth Fischer

150 ml Gemüsebrühe
1/2 TL abgeriebene Bio-Zitronenschale
1/2 TL frischer Ingwer, fein gehackt
Muskat
1 Fenchelknolle, Streifen
1 kleine Karotte, dünne Scheiben
2 Frühlingszwiebeln, halbiert, Stücke
50 ml trockener Weißwein
250 g Fischfilet (Kabeljau, Heilbutt, Wildlachs), Portionsstücke
2 EL Crème fraîche
2 EL Tomatenpüree (Tetra Pak)
1 TL Zitronensaft, Salz, schwarzer Pfeffer

In einer Pfanne die Gemüsebrühe mit Zitronenschale, Muskat und Ingwer zum Kochen bringen. Fenchel, Karotten und Frühlingszwiebeln dazugeben und zugedeckt fast weich dünsten. Weißwein untermischen.

Die Fischfilets salzen, pfeffern und auf das Gemüse legen. Den Fisch zugedeckt in ca. 8 Minuten gar dünsten. Fischfilets aus der Pfanne heben, auf eine vorgewärmte Platte geben, mit Alufolie abdecken.

Crème fraîche mit Tomatenpüree verrühren und unter das Gemüse mischen. Kurz aufkochen, mit Zitronensaft, Salz und Pfeffer abschmecken.

Fischfilets portionsweise auf dem Gemüsebett anrichten.

Für 2 Portionen

Buchweizenpalatschinke mit Champignonfüllung

125 g Buchweizenmehl
1 Ei
250 ml Milch, lauwarm
1/2 TL Salz
frische Kräuter nach Geschmack
(z. B. Petersilie, Schnittlauch etc.)
Butter

Für die Fülle:
350 g Champignons
1 Bund Frühlingszwiebeln
nach Geschmack: Maiskörner (tiefgekühlt)
Kräutersalz
Olivenöl

Für die Sauce:
250 g Schlagobers
1 kleines Päckchen geriebener Parmesan
weißer Pfeffer

Kräuter fein hacken. Einen Teil der Kräuter für die Füllung aufheben. Den Rest mit dem Buchweizenmehl und dem Salz in eine Schüssel geben. Ei verquirlen und mit lauwarmer Milch zu den anderen Zutaten gießen, gut glatt rühren. Den Teig 1 – 2 Stunden rasten lassen.

Für die Füllung Champignons putzen und in Achtel schneiden. Champignons in Olivenöl anbraten. Frühlingszwiebeln waschen, in Röllchen schneiden und ebenfalls in die Pfanne zu den Champignons geben. Zum Schluss die Maiskörner hinzufügen. Mit den restlichen Kräutern und Kräutersalz abschmecken und auf kleiner Stufe warm halten.

Aus dem Teig in etwas zerlassener Butter ca. 4 – 6 Palatschinken backen und ebenfalls warm stellen.

Schlagobers in einem kleinen Topf erhitzen und Parmesan darin schmelzen. Mit weißem Pfeffer würzen.

Die Palatschinken mit den Champignons füllen und mit Käsesauce übergießen.

Dazu passt ein frischer Vogerlsalat.

Nudelauflauf mit Cremespinat

450 g glutenfreier TK-Rahmspinat (z. B. von Bofrost oder Alnatura)
400 ml Milch
3 Eier
80 g Schafkäse
250 g glutenfreie Nudeln (z. B. Fusilli oder Rigatoni von Hammermühle, Spaghetti eignen sich nicht so gut)
Salz, Pfeffer, Muskatnuss

Backrohr auf 180 Grad vorheizen.

Rahmspinat auftauen lassen und mit Milch und Eiern verrühren. Mit Gewürzen abschmecken.

Schafkäse mit der Gabel zerdrücken. Ungekochte Nudeln und Schafkäse mit der Rahmspinatsauce mischen und in eine große Auflaufform füllen.

Etwa 25 Minuten backen.
(**Achtung:** Die Backzeit kann je nach Nudelart variieren.)

Dazu passt ein knackiger Tomatensalat.

Kartoffel-Fisolen-Gratin

250 g Kartoffeln
200 g Fisolen (roh, geschnitten)
2 Knoblauchzehen
2 Tomaten
Salz, Pfeffer
50 g würziger Käse
Oliven, Thymian
Butter

Backrohr auf 180 – 200 Grad vorheizen.

Kartoffeln garen, schälen, in Scheiben schneiden und in eine gebutterte Auflaufform legen. Fisolen darauf verteilen. Knoblauchzehen abziehen, in Scheiben schneiden und darüber streuen. Tomaten kurz überbrühen, Haut abziehen, entkernen und würfeln. Ebenfalls über die Fisolen schichten. Mit Salz, Pfeffer und Thymian bestreuen. Käse in kleine Würfel schneiden und einige Oliven über das Gemüse verteilen, mit Butterflocken belegen und ca. 30 Minuten backen.

Tipp: *Besonders gut eignet sich Schafkäse.*

Rote-Rüben-Gratin

750 g Rote Rüben
200 g Schlagobers
2 Eier
100 g Butterkäse
Majoran
2 TL süßer Senf
(glutenfrei, z. B. von Zwergenwiese)
Salz, Pfeffer

Backrohr auf 190 Grad vorheizen.

Rote Rüben waschen, schälen, Wurzelansatz abschneiden und in dünne Scheiben hobeln. Am einfachsten gelingt das in der Küchenmaschine, vor allem, weil der stark abfärbende Saft der Roten Rüben dann innerhalb der Küchenmaschine bleibt.

Die Scheiben in eine gebutterte Auflaufform schichten. Schlagobers mit Eiern, Senf und Gewürzen verrühren und über die Roten Rüben gießen. Butterkäse darüber hobeln und alles im vorgeheizten Backrohr ca. 40 Minuten lang backen.

Dazu passen Reis und grüner Salat.

Pikante Amaranth-Laibchen

150 g Amaranth
300 ml Gemüsebrühe
1 Ei
2 EL Bröseln, glutenfrei
2 EL Käse, gerieben
2 EL Haselnüsse, grob gehackt
Meersalz, weißer Pfeffer, Koriander
Kokosfett zum Braten

Amaranth in kochende Gemüsebrühe geben, aufkochen lassen und bei geringer Hitze ca. 30 Minuten zugedeckt kochen lassen, danach den Deckel vom Topf nehmen und noch weitere 15 Minuten garen. Ei, Bröseln, Käse, Haselnüsse dazugeben, gut vermischen und mit Gewürzen abschmecken.

Masse ca. 10 Minuten quellen lassen. Acht flache Laibchen formen und in heißem Kokosfett von beiden Seiten goldgelb braten.

Dazu passt gedünstetes Gemüse oder ein Püree aus Wurzelgemüse.

Tomatenrisotto mit Fisolen

500 ml Tomatensaft
2 Schalotten
1 Knoblauchzehe
1 Gemüsesuppenwürfel (glutenfrei)
2 EL Olivenöl
160 g Risotto- bzw. Rundkornreis
1 Lorbeerblatt
1 TL brauner Zucker
100 ml Weißwein
1 Bund Oregano
1 EL Tomatenmark (glutenfrei)
60 g Pecorino oder Parmesan, gerieben
300 g Fisolen
Salz, Pfeffer, Butter

Kochen Sie den Tomatensaft mit dem Suppenwürfel auf. Wenn sich der Suppenwürfel zur Gänze aufgelöst hat, drehen Sie den Herd ab und halten Sie den Tomatenfond darauf warm.

Schalotten und Knoblauch schälen, fein würfeln und in Olivenöl anschwitzen. Reis dazugeben und unter Rühren glasig werden lassen. Sobald Sie in der Mitte der Reiskörner kleine weiße Pünktchen erkennen können, Tomatenmark und Zucker hinzufügen. Kurz weiterrühren, dann mit Weißwein ablöschen.
Mit heißem Tomatenfond aufgießen, Lorbeerblatt hinzufügen und unter gelegentlichem Rühren etwa 25 Minuten bei kleiner Hitze köcheln lassen.

Unterdessen die Fisolen putzen und halbieren. In Butter weich dünsten. (Alternativ: Im Dampfgarer garen und anschließend in Butter schwenken.)

Risotto vom Herd nehmen, Lorbeerblatt entfernen, Pecorino und Oregano einrühren und mit 40 g kalter Butter binden. Mit Salz und Pfeffer abschmecken.

Risotto zu den Fisolen servieren.
Mit einigen Raspeln Pecorino garnieren.

Gefüllter Kürbis mit Hirse

1 mittelgroßer Hokkaido-Kürbis
20 g Butter
2 Knoblauchzehen
1 kleine Zwiebel
200 g Hirse
500 ml glutenfreie Gemüsebrühe
(z. B. Rapunzel, Demeter, Erntesegen)
1 Ei
1 EL glutenfreie Bröseln (z. B. Schär)
150 g Schafkäse
Schnittlauch
Pfeffer, eine Prise Koriander

Den Kürbisdeckel abschneiden. Die Kerne mit dem Löffel ausschaben. Butter in einer Pfanne erhitzen; Knoblauch, Zwiebel und zirka drei Esslöffel kleinere Kürbiskerne darin anbraten. Die Hirse mehrmals kurz mit heißem Wasser abspülen und dazugeben. Mit heißer Gemüsebrühe aufgießen und aufkochen lassen. Dann die Hitze reduzieren und noch 10 Minuten garen.

Kochplatte abdrehen und Hirse bei geschlossenem Deckel 20 Minuten quellen lassen.

Inzwischen den Kürbis in einen großen Topf stellen und in heißem Wasser etwa 20 Minuten bissfest garen, vorsichtig herausheben, abtropfen lassen und in eine gebutterte Auflaufform setzen.

Backrohr auf 180 Grad vorheizen.

Nachdem die Hirse abgekühlt ist, das Ei, die glutenfreien Bröseln, den klein geschnittenen Schafkäse und die Gewürze untermischen. Hirsemischung in den Kürbis füllen.

Ca. 40 Minuten backen (je nach Größe des Kürbisses).

Der gefüllte Kürbis wird geviertelt und auf vier Tellern angerichtet. Spektakulärer sieht es aus, wenn Sie das erst am Tisch machen.

Dazu passt ein gemischter Blattsalat mit Kernöl.

Hokkaido-Kürbisse stammen von der gleichnamigen japanischen Insel. Im Gegensatz zu anderen Kürbissen haben sie nur eine dünne Schale, die in gekochtem Zustand mitgegessen werden kann.
Sie brauchen den Kürbis also nicht zu schälen, sogar wenn die Schale außen dunkelgrün gesprenkelt ist, kann man sie mitessen. Schneiden Sie nur jene Teile weg, die verschmutzt wirken.
Der Kürbis ist „die größte aller Beeren". Er enthält reichlich Vitamine der Gruppen A, C, D und E sowie Kalium, Kalzium und Zink. Kürbisse stärken das Immunsystem. Da trifft es sich gut, dass sie gerade dann Saison haben, wenn die Schnupfenzeit beginnt.

Bandnudeln mit Kohlsprossen und Nüssen

400 g glutenfreie Bandnudeln (z. B. Tagliatelle von Schär oder Maisnudeln)
250 g Kohlsprossen
150 g Karotten
1 Zwiebel
2 Knoblauchzehen
40 g grob gehackte Nüsse
70 g geriebener Käse
2 EL Butter
1/8 l Milch
ein Schuss Schlagobers
Salz, Pfeffer, Muskat

Zwiebel und Knoblauch schälen und fein hacken, Karotten schälen und in Scheiben schneiden, Kohlsprossen putzen und halbieren. Butter erhitzen, Knoblauch und Zwiebel darin anbraten, Karotten und Kohlsprossen dazugeben und mitrösten. Milch und Obers dazugießen und zugedeckt einige Minuten garen. Mit Salz, Pfeffer und Muskat würzen.

In der Zwischenzeit die glutenfreien Nudeln kochen. Gemüse mit Käse und Nüssen mischen, mit den Bandnudeln servieren.

Kohlsprossen sind ein typisches Wintergemüse. Sie stärken das Immunsystem (durch die Vitamine C, B, Betakarotin und Folsäure) und helfen der Verdauung aufgrund ihres hohen Gehalts an Ballaststoffen.

Schlesische Kartoffelknödel

Eine herzhafte Beilage

1 kg Kartoffeln, mehlig
1 Ei
250 g Kartoffelmehl
150 g Frühstücksspeck, klein gewürfelt
Salz

Kartoffeln schälen und weich kochen, etwas abkühlen lassen und durch eine Kartoffelpresse drücken. Kartoffelmasse in eine Schüssel geben, mit Ei, Kartoffelmehl und Speckwürfeln vermengen und mit Salz abschmecken.

Aus der Masse mittelgroße Knödel formen und 5 Minuten ins kochende Wasser geben.

Dazu passt zum Beispiel Rotkraut.

Steirisches Wurzelfleisch

1 kg Schweins-Schopfbraten (ohne Knochen)
3 l Wasser
1 EL Essig
5 Pfefferkörner
1 Lorbeerblatt
2 Karotten
1 Gelbe Rübe
1 Petersilwurzel
250 g Kartoffeln, festkochend
1 Bund Schnittlauch
2 EL Kren, frisch gerissen
Salz, Kräuterstiele

Fleisch mit Spagat binden, damit es sich während des Kochens nicht verformt. (Sie können auch Ihren Fleischer bitten, den Schopfbraten entsprechend für Sie vorzubereiten.)

Wasser mit Essig mischen und aufkochen.

Fleisch, Pfefferkörner, Lorbeerblatt und einige Kräuterstiele hineingeben.

Dann den Topf bis auf einen kleinen Spalt zudecken und das Fleisch auf kleiner Flamme etwa eineinhalb Stunden köcheln – nach der halben Garzeit salzen.

In der Zwischenzeit das Wurzelgemüse (Karotten, Gelbe Rübe, Petersilwurzel) und Kartoffeln schälen. Kartoffeln in 1 cm dicke Scheiben schneiden und in kaltes Wasser legen. Gemüse stifteln.

Ca. 15 Minuten vor Ende der Kochzeit die Kartoffeln, 8 Minuten später die Gemüsestifte zugeben. Schnittlauch in feine Röllchen schneiden.

Fleisch aus dem Kochfond heben und in Scheiben schneiden. Fleischscheiben mit etwas Kochfond, Wurzelgemüsestifte und Erdäpfelscheiben anrichten.

Wurzelfleisch mit frischem Kren und Schnittlauch bestreut servieren.

Putengeschnetzeltes mit Gemüse

400 g Putenfleisch
2 Zwiebeln
2 Karotten
100 g TK-Erbsen (aufgetaut)
1 EL Maizena
2 EL Sauerrahm
1/2 l Gemüsesuppe (instant, z. B. Demeter)
Salz, Pfeffer

Zwiebeln schälen, schneiden und glasig anrösten, Putenfleisch in dünne Streifen schneiden, dazugeben und mitrösten.

Karotten schälen, würfeln und zusammen mit den Erbsen zum Fleisch dazugeben, mit Suppe aufgießen und weich dünsten. Maizena mit 1 EL kaltem Wasser anrühren, dazugeben und kurz aufkochen lassen.

Zum Schluss mit Rahm abrunden, mit Salz und Pfeffer abschmecken.

Dazu passen gedünsteter Reis und ein frischer grüner Salat.

Spaghetti Carbonara

500 g glutenfreie Spaghetti (z. B. von Schär)
1 Bund Petersilie
80 g durchwachsener Frühstücksspeck
2 Knoblauchzehen
40 g Butter
125 g Obers
3 Eier
3 Dotter
60 g frisch geriebener Parmesan
Pfeffer, Salz, Olivenöl

Spaghetti in reichlich Salzwasser nach Packungsanleitung al dente kochen. Die Garzeiten können variieren, etwa wenn Sie Mais- oder Reisspaghetti verwenden. Inzwischen die Petersilie waschen und fein hacken, den Speck fein würfeln und den Knoblauch schälen.

Olivenöl mit der Butter in einer Pfanne erhitzen, die Knoblauchzehen 3 Minuten darin anbraten und wieder herausnehmen, dann den Speck ca. 5 Minuten glasig braten. Mit Obers aufgießen und kurz aufkochen lassen. In einer Schüssel die Eier und die Eidotter mit der Petersilie und dem Parmesan verquirlen.

Spaghettiwasser abgießen. Spaghetti in die heiße Obers-Speck-Sauce geben, die verquirlten Eier darüber gießen und alles gründlich durchmischen. Mit Salz und Pfeffer würzen.

Dazu passt Eisbergsalat.

Lasagne ohne Béchamelsauce

500 g Crème fraîche
200 g Parmesan, gerieben
4 EL Olivenöl
500 g Faschiertes
50 g Zwiebel
2 Knoblauchzehen
1 EL Oregano
1 EL Basilikum
200 g Mozzarella
500 g glutenfreie Lasagneblätter (z. B. Schär)
500 g glutenfreie Pizzatomaten, gestückelt (z. B. Rapunzel)
Salz, Pfeffer
Milch

Backrohr auf 170 Grad vorheizen.

Zwiebel und Knoblauch schälen und fein hacken. Gemeinsam mit dem Faschierten, Oregano, Basilikum und Knoblauch in Olivenöl anbraten, mit Pizzatomaten mischen und nach Geschmack salzen und pfeffern.

Crème fraîche mit Parmesan verrühren, evtl. mit etwas Milch verdünnen, sodass eine sämige Sauce entsteht.
Eine Lage Sauce in eine eckige Auflaufform gießen (ca. 30 mal 20 cm), darauf eine Schicht Lasagneblätter geben, dann eine Schicht Faschiertes, wieder eine Schicht Sauce und auf diese Art immer weiter in dünnen Schichten ... – mit Sauce abschließen.

Mit Folie abdecken und etwa 50 Minuten backen. Dann Folie entfernen, geriebenen Mozzarella darüber streuen und noch ungefähr weitere 5 – 10 Minuten bei großer Oberhitze überbacken.

Vor dem Servieren etwas abkühlen lassen.

Dazu passen Blattsalate.

Tipp: *Wenn Ihnen die Sauce mit Crème fraîche zu üppig wird, ersetzen Sie Crème fraîche einfach durch Crème fine oder QimiQ.*

Griechisches Moussaka

Braucht etwas Zeit

700 g Melanzani
8 EL Olivenöl
150 g Faschiertes
2 große Zwiebeln
2 Knoblauchzehen
500 g Tomaten
125 ml Weißwein
1/4 TL Zimt
1 Prise Zucker
50 g frisch gehackte Petersilie
1 TL getrockneter Oregano
100 g griechischer Hartkäse oder Parmesan, frisch gerieben
2 Eier

Für die Béchamelsauce:
30 g Butter
3 EL Soja-Mehl
1/2 l Milch
2 TL Zitronensaft
Salz, weißer Pfeffer, Muskat
Fett für die Form

Melanzani waschen, Stielansätze entfernen und der Länge nach in 1/2 cm dicke Scheiben schneiden. Salzen und auf Küchenpapier ausgelegt 20 Minuten ziehen lassen. Gut abtupfen und in einer großen Pfanne portionsweise mit insgesamt 6 EL Olivenöl hellbraun anbraten. Auf Küchenpapier entfetten.

Zwiebeln und Knoblauch schälen und fein hacken. Tomaten mit kochend heißem Wasser überbrühen und häuten. Fruchtfleisch ohne Stielansätze und Kerne würfeln.

Restliche 2 EL Olivenöl in einem Topf erhitzen und Zwiebeln und Knoblauch darin glasig dünsten, Faschiertes hinzufügen und bräunen. Tomaten, Weißwein, Salz, Pfeffer, Zimt, Zucker, Petersilie und Oregano dazugeben, alles gut verrühren und zugedeckt 5 Minuten schmoren lassen.

Von der Kochstelle nehmen, etwas abkühlen lassen und die Hälfte des Käses und 1 Ei unter die Masse rühren.

Backofen auf 180 Grad vorheizen.

Für die Béchamelsauce Butter schmelzen lassen und das Soja-Mehl darin anschwitzen.

Langsam unter Rühren Milch hineingießen. Am besten geht das, wenn man die Milch immer löffelweise hinzufügt und kräftig rührt, damit die Sauce nicht klumpt.

Sauce aufkochen lassen und unter ständigem Rühren etwa 5 Minuten lang bei schwacher Hitze einkochen.

Mit Salz, weißem Pfeffer, Zitronensaft und Muskat abschmecken. Sauce ein wenig abkühlen lassen, dann restlichen Käse und das übrige verquirlte Ei unterziehen.

Den Boden einer gefetteten Auflaufform mit der Hälfte der Melanzanischeiben auslegen. Die Hälfte des Faschierten darauf verteilen, danach die Hälfte der Béchamelsauce, wieder eine Schicht Melanzanischeiben, eine Schicht Faschiertes und zum Schluss eine Schicht Béchamelsauce.

Moussaka im Backrohr auf mittlerer Höhe ca. 60 Minuten garen.

Dazu passt ein Tomatensalat.

Schnelle Mayonnaise

1 Ei
1 EL Senf (glutenfrei)
200 ml Sonnenblumenöl
1 TL Zitronensaft
Salz

Alle Zutaten in einen hohen Mixbecher füllen und mit dem Stabmixer (Zauberstab) kräftig durchmixen.

Wenn die Mayonnaise zu fest wird oder wenn Sie eine weniger üppige Variante bevorzugen, mischen Sie sie einfach im Verhältnis 1:1 mit Magerjoghurt.

Erdnuss-Sauce

1 große Zwiebel
2 EL Curry
150 g Erdnusskerne, geröstet und gehackt
2 Tomaten, geschält und klein gewürfelt
250 g Rahm oder Obers
Salz, Pfeffer
Olivenöl

Zwiebel fein hacken und zusammen mit dem Curry in Olivenöl goldbraun anbraten. Tomatenwürfel und ein bisschen Wasser dazugeben, kurz dünsten lassen. Gehackte Erdnüsse einrühren, mit Salz und Pfeffer abschmecken, noch ein paar Minuten weiterdünsten, dann mit Rahm oder Obers abrunden, nicht mehr aufkochen.

Tipp: *Schmeckt hervorragend zu abgebratenem Lachs- oder Hühnerfilet.*

Honig-Senf-Sauce

320 ml Mayonnaise (*siehe links*)
2 TL Honig
4 TL Senf (glutenfrei)

Alle Zutaten miteinander vermischen.

Hinweis:
Am besten schmeckt Dijonsenf. Sie können aber jede Sorte verwenden, die Ihnen zusagt. Bitte beachten Sie, dass es Senf mit oder ohne Gluten gibt. Kaufen Sie immer die glutenfreie Variante.

Remoulade

320 ml Mayonnaise (*siehe oben links*)
3 – 4 EL Magerjoghurt
1 hart gekochtes Ei
1 Essiggurkerl
1 TL Kapern
2 EL frisch gehackte Kräuter
(z. B. Dille, Petersilie etc.)
Zitronensaft

Mayonnaise mit Joghurt mischen, mit Zitronensaft abschmecken. Ei, Essiggurkerl und Kapern fein hacken und mit den gehackten Kräutern unter die Mayonnaise rühren.

Tipp: *Passt gut zu gebackenem Gemüse oder Fisch.*

Do-it-yourself-Ketchup

750 g Tomaten (möglichst reif)
250 g Zwiebeln
100 ml Apfelessig
1 TL gerebelter Thymian
1/2 Bund Petersilie, gehackt
1/2 EL Liebstöckel, gehackt
2 EL Honig
1/2 TL Edelpaprikapulver, süß
Muskat (nach Geschmack)
2 Lorbeerblätter
1/2 Zimtstange
1/2 TL Pfeffer
1/2 TL Gewürznelken (ganz)
1/2 TL Koriander (ganz)

Tomaten waschen, vierteln und die Stielansätze entfernen. Zwiebeln schälen und grob hacken. In einem großen Topf Zwiebeln und Tomaten andünsten, nach ca. 5 Minuten mit Apfelessig löschen. Petersilie, Liebstöckel, Zimtstange, Paprikapulver, Thymian, Pfeffer und Honig dazugeben.

Nelken, Lorbeerblätter, Koriander und Muskat in ein Tee-Ei geben, gut verschließen und ebenfalls in den Topf geben. Unter mehrmaligem Umrühren auf kleiner Flamme köcheln lassen.

Nach 30 Minuten entfernen Sie das Tee-Ei und die Zimtstange. Ketchup mit dem Stabmixer pürieren und durch ein feines Sieb streichen.

Danach für weitere 90 Minuten eindicken lassen.

Füllen Sie das Ketchup noch heiß in Marmeladegläser ab, sofort verschließen und auf den Kopf stellen.

Tipp: *Wenn Sie ein ausreichend großes Tee-Ei haben, können Sie auch die Zimtstange mit in das Tee-Ei geben. Sie ersparen sich dadurch, im heißen Ketchup danach zu suchen.*

Weil die Zubereitung von Ketchup etwas aufwendiger ist und deutlich länger dauert als die Zubereitung von Mayonnaise und Co., zahlt es sich aus, eine größere Portion auf Vorrat zu machen.
Die hier angegebenen Mengen entsprechen ungefähr zwei Gläsern. Selbstgemachtes Ketchup ist weniger süß als industriell gefertigtes, aber wesentlich gesünder! Es ist im Kühlschrank etwa ein halbes Jahr haltbar.

Romanas Kartoffelkäse

400 g mehlige Kartoffeln
125 g Sauerrahm
2 Schalotten
Salz, Pfeffer, Kümmel

Kartoffeln kochen, schälen und durch die Kartoffelpresse drücken. Schalotten fein hacken. Rahm und Schalotten unter die Kartoffelmasse rühren. Mit Gewürzen abschmecken.

Brokkolisalat mit Tomaten und Ei

2 Eier, hart gekocht
400 g Brokkoli
2 Schalotten
100 g Tomaten
1 Bund Schnittlauch
2 EL Sesamsaat

Für das Dressing:
3 EL Weißweinessig
1 TL Dijonsenf
4 EL Sojaöl (z. B. Rapunzel)
Pfeffer

Brokkoli putzen, waschen und die Röschen von den Stielen schneiden. Die Stiele schälen und in dünne Scheiben schneiden.

Röschen und Stiele ca. 7 Minuten in kochendem Salzwasser garen, dann abgießen und mit kaltem Wasser abschrecken.

Schalotten schälen und fein hacken. Tomaten waschen, Stielansatz entfernen und würfeln. Schnittlauch in feine Röllchen schneiden. Eier hacken.

Alle Salatzutaten in einer großen Schüssel vermischen.

Für das Dressing Essig, Öl, Senf vermischen und mit Pfeffer würzen. Dressing über den Salat gießen und ziehen lassen.

Sesamsaat in einer Pfanne anrösten und über den Salat streuen.

Curry-Quinoa-Salat

250 g Quinoa
50 g Karotten
100 g Erbsen (tiefgekühlt)
100 g Kichererbsen
1 Frühlingszwiebel
2 EL Olivenöl
2 EL Essig
5 g glutenfreies Currypulver
2 g Kurkuma (Kreuzkümmel)
Salz, Pfeffer

Kichererbsen am Vortag einweichen und über Nacht stehen lassen.

Kichererbsen weich kochen, abgießen. Erbsen ebenfalls nach Packungsanleitung kochen.

Quinoa unter fließendem Wasser waschen. Dann mit der doppelten Menge Wasser ca. 15 – 20 Minuten kochen und abkühlen lassen.

Inzwischen die Karotte schälen und auf der Gemüsereibe grob raspeln. Frühlingszwiebel in feine Ringe schneiden.

Quinoa mit Karottenraspeln, Frühlingszwiebel, Erbsen, Kichererbsen und allen anderen Zutaten vermischen. Kurz durchziehen lassen.

Eingeladen auf eine Party und Sie wissen noch nicht, was Sie fürs Buffet mitbringen sollen? Es muss nicht immer Nudelsalat sein! Überraschen Sie die Gastgeber mit Quinoa.

Achtung!
Viele glutenfreie Getreide werden in Betrieben verarbeitet, in denen auch Weizenprodukte durch die Maschine laufen (siehe „Das Problem der Kontamination“, *Seite 58*). Achten Sie auch beim Kauf von scheinbar „harmlosen“ Sorten wie Quinoa immer auf das Symbol der durchkreuzten Ähre.

Reissalat mit Paprika

80 g Erbsen (frisch oder tiefgekühlt)
3 Frühlingszwiebeln
je 1 roter, 1 gelber und 1 grüner Paprika
300 g Langkornreis
15 g Minze
Salz

Für das Dressing:
125 ml natives Olivenöl
2 EL Zitronensaft
1 Knoblauchzehe, gepresst
1 TL Zucker
Salz, Pfeffer

Etwa 600 ml Wasser mit einer Prise Salz in einem großen Topf zum Kochen bringen und den Reis einrühren. Aufkochen und 12 – 15 Minuten köcheln lassen, bis der Reis bissfest ist. In den letzten 5 Minuten die Erbsen dazugeben. Danach alles abtropfen und abkühlen lassen.

Paprika putzen, entkernen und fein würfeln. Frühlingszwiebeln in feine Ringe schneiden. Minze fein hacken.

Aus Öl, Zitronensaft, Knoblauch und Zucker das Dressing mixen und mit Salz und Pfeffer abschmecken.

Reis, Erbsen, Frühlingszwiebeln, Paprika und Minze in eine große Schüssel geben, gründlich mit dem Dressing vermischen, abdecken und ca. eine Stunde im Kühlschrank ziehen lassen.

Bunter Nudelsalat

300 g Mayonnaise *(siehe Rezept Seite 98)*
150 g Joghurt
250 g Salatgurke
350 g glutenfreie Nudeln (z. B. Spiralen)
150 g TK-Erbsen, aufgetaut
100 g Bergkäse
100 g Schinken
1 Apfel
1 roter Paprika
Zitronensaft
Salz, Pfeffer

Nudeln in Salzwasser bissfest kochen und abseihen. Gurke schälen und würfeln. Paprika und Apfel putzen, entkernen und fein würfeln. Bergkäse und Schinken in feine Streifen schneiden.

Mayonnaise mit Joghurt verrühren, mit Zitronensaft, Salz und Pfeffer abschmecken. Alles gut vermischen, kurz durchziehen lassen und servieren.

Tipp: *Eignet sich auch gut für ein Picknick!*

Überbackene Ofenkartoffeln

8 große, fest kochende Kartoffeln
100 g Schinken
50 g geriebener Parmesan
2 EL Sauerrahm
50 g Butter
2 Eidotter
2 EL Petersilie, gehackt
Salz, Pfeffer, Muskat, Kümmel

Backrohr auf 200 Grad vorheizen.

Kartoffeln waschen und gründlich mit einer Kartoffelbürste abbürsten. Von den Kartoffeln der Länge nach eine „Kappe" abschneiden, Kartoffeln aushöhlen, sodass noch eine dünne Wand stehen bleibt.

Ausgehöhlte Kartoffeln kurz in Salzwasser blanchieren.

Dann aus dem Topf heben und die restlichen Kartoffelstückchen mit etwas Kümmel im Salzwasser weich kochen, abseihen und mit einer Gabel oder einem Kartoffelstampfer zerdrücken.

Schinken würfeln und unter die Kartoffelmasse rühren. Dotter, Rahm, Parmesan, zerlassene Butter und Petersilie ebenfalls zugeben. Mit Gewürzen abschmecken. Masse in die ausgehöhlten Kartoffeln füllen und auf einem mit Backpapier ausgelegten Backblech ca. 20 Minuten backen (je nach Größe der Kartoffeln).

Dazu passt grüner Salat oder Eisbergsalat.

Kartoffelpizzaboden

600 g mehlige Kartoffeln
4 Eier
20 g Olivenöl
200 g Kartoffelstärke
2 gestrichene TL Salz
10 g Backpulver
Pfeffer, Muskat
Majoran, Oregano, Thymian
(nach Geschmack)

Backrohr auf 220 Grad vorheizen.

Kartoffeln schälen, grob würfeln und im Dampfgarer (oder in wenig Wasser) weich kochen. Anschließend ausdampfen lassen und passieren. Am besten kocht man die Kartoffeln schon am Vortag. Mit Salz, Pfeffer und Muskat würzen. Mit Eiern, Olivenöl vermischen.

Kartoffelstärke und Backpulver zusammensieben und unter die Kartoffelmasse mischen. Mit Gewürzen abschmecken. Teig ausrollen und etwa 10 Minuten ohne Belag vorbacken.

Dann nach Belieben belegen (Tomaten, Schinken, Käse, Zucchini etc.) und noch etwa 10 Minuten weiter backen, bis der Käse geschmolzen und die Pizza schön knusprig ist.

Hinweis:
Sollten Sie fertige Pizzasauce verwenden, achten Sie bitte unbedingt auf die auf dem Etikett angegebenen Zutaten!

Knusprige Kartoffelfische

800 g Kartoffeln
Salz, Pfeffer
4 große, dünne Fischfilets
2 EL Kartoffelmehl
1 Ei
2 EL Butter
2 EL Öl

Kartoffeln schälen und mit der Kartoffelreibe fein raspeln. Anschließend in ein Sieb geben, ausdrücken (siehe Tipp) und auflockern. Mit Salz und Pfeffer würzen, in 4 Portionen teilen.

Die Fischfilets ebenfalls salzen und pfeffern. Zuerst in Kartoffelmehl, dann in verquirltem Ei wenden. Zuletzt werden die Fischfilets in den Kartoffelraspeln gewendet. (Kartoffelraspeln dabei auf beiden Seiten fest andrücken.)

Butter mit Öl erhitzen,
die panierten Fischfilets darin beidseitig je ca. 5 Minuten braten.

Dazu serviert man am besten eine frische Rahmsauce:
1 Becher Sauerrahm mit 1 Bund geschnittenem Schnittlauch und 1 Bund abgezupfter und gehobelter Petersilie verrühren. Mit Salz und Pfeffer abschmecken.

Tipp: *Geraspelte Kartoffeln lassen sich gut mit einem Schöpflöffel ausdrücken. Je gröber die Kartoffeln gerieben sind, desto schöner sehen die Kartoffelfische aus. Allerdings haften grobe Raspeln nicht so gut wie feine.*

Kichererbsenbällchen

Braucht etwas Zeit

200 g Kichererbsen
1 Stange Lauch
2 Knoblauchzehen
1 Bund Dille
1 Bund Petersilie
1/2 TL Kreuzkümmel (Kurkuma)
1/2 TL gemahlener Koriander
Saft von einer halben Zitrone
Salz, Pfeffer, Olivenöl

Kichererbsen über Nacht in Wasser einweichen und mindestens eine Stunde weich kochen.

Wasser abgießen. Kichererbsen pürieren. Lauch in feine Ringe schneiden. Knoblauch schälen und fein hacken. Kräuter abzupfen und hacken. Alle Zutaten mit dem Kichererbsenpüree vermischen. Mit Zitronensaft und Gewürzen abschmecken. Masse eine Stunde rasten lassen.

Dann mit feuchten Händen kleine Bällchen formen und in heißem Öl von allen Seiten goldbraun anbraten.

Ergibt ungefähr 20 Stück.

Dazu passt grüner Salat mit einem Joghurtdressing.

Reisbällchen in Tomatensauce

100 g Rundkorn- bzw. Risotto-Reis
300 g Faschiertes vom Rind
50 g Grana Padano, gerieben
1 Ei
Pfeffer, Salz

Für die Tomatensauce:

1 Zwiebel
1 Knoblauchzehe
4 reife Tomaten
1 EL Olivenöl
1/4 l Fleischbrühe
1 EL Basilikum, gehackt

Rundkorn- oder Risotto-Reis nach Packungsanleitung weich kochen (das kann je nach Sorte variieren) und abkühlen lassen. Faschiertes in einer Schüssel mit Ei und dem geriebenen Grana Padano verkneten. Reis unter das Faschierte mischen; mit Pfeffer und Salz würzen.

Aus der Mischung mit feuchten Händen kleine Reisbällchen formen.

Zwiebel und Knoblauch schälen und in feine Würfel schneiden. Tomaten mit einem scharfen Messer über Kreuz einritzen, mit kochendem Wasser überbrühen und die Haut abziehen. Anschließend würfeln.

Olivenöl in einer Pfanne erhitzen, Zwiebel und Knoblauch darin andünsten, dann die Tomatenwürfel dazugeben und kurz mitschmoren. Mit Fleischbrühe aufgießen und mit Pfeffer und Salz abschmecken.

Reisbällchen in die Tomatensauce legen und einen Deckel auf die Pfanne geben. Alles ca. 10 Minuten auf mittlerer Temperatur köcheln lassen. Deckel abnehmen, Reisbällchen wenden und weitere 10 Minuten offen köcheln lassen. Kurz vor dem Servieren Basilikum über die Tomatensauce streuen.

Tipp: *Sie können die Reisbällchen auch in einer Pfanne abbraten und – ohne Tomatensauce – auch kalt servieren. So eignen sie sich für unterwegs oder als Snack in der Jausenbox. Am besten mit rohem Gemüse zum Knabbern ergänzen (Karotten, Kohlrabi, Gurkenscheiben etc.).*

Saibling mit Polenta überbacken auf Spitzmorcheln

Rezept von Johann Pabst

50 g Spitzmorcheln, getrocknet
125 ml Milch
30 g Butter
Salz, Pfeffer
30 g Polenta
1 Ei
1 Prise Salz
2 Schalotten
2 Knoblauchzehen
2 EL Olivenöl
40 ml trockener Weißwein
2 Thymianzweige
80 g Schlagobers
Schnittlauch

4 Saiblingsfilets á ca. 100 g
2 EL Olivenöl
1 Rosmarinzweig
2 Thymianzweige
2 halbierte, ungeschälte Knoblauchzehen
Salz, Pfeffer
Petersilie, gehackt
1 EL geschlagenes Obers

Die Spitzmorcheln in kaltem Wasser einweichen. Milch mit Butter aufkochen und mit Salz und Pfeffer würzen. Die Polenta unter ständigem Rühren dazugeben und alles bei mittlerer Hitze weiterköcheln lassen, bis sich die Polentamasse vom Topfboden löst. Die Polenta vom Herd nehmen und etwas abkühlen lassen.

Das Ei trennen. Das Eiweiß mit dem Salz steif schlagen und beiseite stellen. Das Eigelb unter die Polentamasse rühren und vollständig abkühlen lassen. Die Morcheln aus dem Einweichwasser nehmen und gut ausdrücken. Das Pilzwasser zum Reinigen durch einen Kaffeefilter gießen und ca. 50 ml davon abmessen.

Schalotten und Knoblauchzehen schälen, in feine Würfel schneiden und in dem Olivenöl glasig dünsten. Mit Weißwein ablöschen, Thymian, Obers und Pilzwasser dazugeben und die Sauce bei mittlerer Hitze sämig einkochen lassen. Die Morcheln untermischen und die Sauce beiseite stellen.

Die Saiblingsfilets waschen, trocknen und in dem Olivenöl von jeder Seite ca. 2 Minuten anbraten. Rosmarin, Thymian und Knoblauch zugeben und die Fischfilets mit Salz und Pfeffer würzen. Dann alles herausnehmen und auf ein Backblech legen.

Den Eischnee und den geschnittenen Schnittlauch unter die Polentamasse heben und diese auf die Fischfilets streichen. Unter dem „Salamander“ bzw. in der Grilleinstellung des Backrohrs ca. 5 Minuten goldgelb gratinieren.

Die Morchelsauce wieder erwärmen, geschlagenes Obers und Petersilie unterrühren und die Sauce mit Salz und Pfeffer würzen. Die Saiblingsfilets mit der Morchelsauce auf Tellern anrichten.

Als Beilage gemischten wilden Reis im Zucchinimantel und Gemüse der Saison reichen.

Kalbsrahmschnitzel

4 Kalbsschnitzel, dünn geschnitten à 150 g
3 EL Butterschmalz
125 ml glutenfreie Fleischbrühe (z. B. Erntesegen oder Dr. Hall BIO Brühwürfel)
125 g Sauerrahm
Salz, Pfeffer, Liebstöckel

Butterschmalz in einer Pfanne erhitzen. Kalbsschnitzel darin bei mittlerer Hitze auf jeder Seite 3 – 4 Minuten braten. Mit Salz und Pfeffer würzen und warm stellen.

Den Bratensatz mit der Fleischbrühe aufgießen und loskochen. Rahm unterrühren. Mit fein zerriebenem Liebstöckel abschmecken.

Auf jeden Teller einen Rahmspiegel setzen und je ein Kalbsschnitzel darauf platzieren.

Dazu passen Bratkartoffeln oder Reis.

Zanderfilet mit Oliven-Polentacreme

Rezept von Johann Pabst

80 g Zanderfilet
Salz
Saft einer Zitrone
2 Knoblauchzehen in Scheiben geschnitten
1 Bund Thymian
Olivenöl

Für die Oliven-Polentacreme:
1 EL gehackter Lauch
1 EL Butter
3 – 4 dl Hühnersuppe
1 1/2 El Polenta
10 schwarze Oliven entkernt
1 Handvoll Rucola, grob geschnitten
Salz
2 EL geschlagenes Obers

Den Zander mit Salz und Zitronensaft würzen, Knoblauch und etwas Thymian unter die Haut schieben und das Ganze auf der Hautseite in Öl knusprig braten.

Für die Creme Lauch in Butter anglasen, mit Suppe aufgießen, aufkochen, die Polenta einrieseln und alles so lange köcheln lassen, bis es von cremiger Konsistenz ist, dann Oliven und Rucola untermischen. Die Creme leicht salzen und mit Schlagobers verfeinern. Die Fischfilets auf der Polenta anrichten; mit Thymian garnieren.

Süße Amaranthpralinen

50 g Butter
125 g Maisgrieß
250 ml Wasser
50 ml Schlagobers
50 g fein gehackte Mandeln
80 g getrocknete Früchte
(z. B. Marillen oder Datteln)
25 g gepoppter Amaranth
50 g Honig

Außerdem:
Gepoppter Amaranth zum Wälzen

Schmelzen Sie die Butter in einem Topf, streuen Sie den Maisgrieß ein und rösten Sie ihn unter Rühren vorsichtig in der Butter an. Nach und nach das Wasser angießen, die Masse kurz aufkochen lassen, vom Herd nehmen und etwa 10 Minuten ausquellen lassen.

Danach in eine Schüssel umfüllen, Obers und gehackte Mandeln unterrühren. Die getrockneten Früchte fein hacken und mit dem gepoppten Amaranth unter die Maismasse heben. Abkühlen lassen.

Honig untermischen und mit feuchten Händen aus der Masse Kugeln formen. Zum Schluss die Pralinen in gepopptem Amaranth wälzen.

Ergibt ca. 25 Stück.

Klassische Weihnachtskekse

Für Sascha

480 g glutenfreie Mehlmischung
(Hammermühle, Mantler, Schär etc.)
320 g Butter
160 g Zucker
2 Eier

Alle Zutaten zu einem Mürbteig verkneten. Teig in Frischhaltefolie wickeln und im Kühlschrank ca. eine halbe Stunde rasten lassen.

Backrohr auf 150 Grad Umluft vorheizen.

Dann den Teig auf einer bemehlten Arbeitsfläche ausrollen (auch hierfür glutenfreies Mehl verwenden!) und mit verschiedenen Formen Kekse ausstechen.

Kekse auf ein mit Backpapier ausgelegtes Backblech legen und im vorgeheizten Rohr ca. 10 Minuten backen.

Sie können die fertigen Kekse mit geschmolzener Schokolade verzieren.

Vanillekipferln

210 g glutenfreies Mehl
(z. B. Mantler oder Hammermühle)
1 Pkg. Vanillezucker
50 g Puderzucker
150 g weiche Butter
2 Eidotter
80 g Haselnüsse, gerieben
Puderzucker und Vanillezucker zum Wälzen

Aus Mehl, Zucker, Vanillezucker, Nüssen, Butter und Dotter rasch einen Mürbteig kneten. In Frischhaltefolie wickeln und im Kühlschrank mindestens 30 Minuten rasten lassen.

Backrohr auf 160 Grad vorheizen.

Aus dem Teig eine Rolle formen und in 2 cm lange Stücke schneiden. Daraus Kipferln formen, auf ein mit Backpapier ausgelegtes Backblech legen, ca. 15 Minuten backen. (Die Kipferln sollten nicht zu hart oder zu dunkel werden!)

Puderzucker mit Vanillezucker mischen und die frisch gebackenen Kipferln noch heiß darin wälzen.

Tipp: *Statt Haselnüsse können Sie auch Walnüsse oder Mandeln verwenden. Wenn Sie die Nüsse nicht reiben, sondern nur etwas gröber hacken, werden die Vanillekipferln knuspriger.*

Cookies mit Carob und Sesam

150 g Sesamsaat
150 g Butter
200 g Vollrohrzucker
1 Ei
300 g glutenfreies Mehl
(z. B. Hammermühle, Mantler, Schär …)
100 g ungesalzene Erdnusskerne, gemahlen
50 g ungesalzene Erdnusskerne, grob gehackt
1 TL Vanillezucker
2 EL Milch
4 TL Carobpulver (Johannisbrotmehl)
2,5 EL Wasser

Backrohr auf 175 Grad Umluft vorheizen.

Sesamsaat in einer Pfanne ohne Fett leicht anrösten. Butter mit Zucker schaumig rühren. Ei, Mehl, gemahlene Erdnüsse, Sesamsaat, Vanillezucker und Milch unterkneten. Aus dem Teig kleine Kugeln formen.

Ein Backblech mit Backpapier auslegen und die Teigkugeln darauf setzen. Mit einem feuchten Löffel etwas flach drücken, etwa 15 Minuten backen.

Cookies auskühlen lassen. Carobpulver mit Wasser verrühren, die Cookies damit bestreichen und mit den gehackten Erdnusskernen verzieren.

Versteckte Ostereier

4 hart gekochte Eier
250 g Faschiertes vom Rind
1 kleine Zwiebel
2 EL glutenfreie Bröseln
1 Dotter
1 Eiweiß
1 EL Petersilie, gehackt,
Salz, Pfeffer, Muskatnuss
Kartoffelpüreeflocken, Öl

Zwiebel fein hacken, mit Faschiertem, Bröseln, Dotter, Petersilie und Gewürzen mischen, sodass ein gleichmäßiger Hackfleischteig entsteht.

Teig in 4 Portionen teilen, jeweils ein Ei in einer Hackfleischkugel „verstecken". Kugeln zwischen zwei Handflächen festdrücken, durch das verquirlte Eiweiß ziehen und in Kartoffelpüreeflocken wenden.

Öl in einer Pfanne erhitzen und die Kugeln von allen Seiten bei mittlerer Hitze braten. Anschließend auf Küchenpapier abtropfen lassen. Bitte bedenken Sie: Da die Kugeln einen größeren Durchmesser haben als gewöhnliche faschierte Laibchen, dauert es entsprechend länger, bis sie ganz durch sind!

Dazu passt Tomatensalat.

Tipp: *Sie können die Versteckten Ostereier kalt oder warm genießen.*

Osterpinze

Braucht etwas Zeit

1 kg glutenfreies Mehl
(z. B. Werz, Schär, Hammermühle, Mantler)
80 g Germ
300 g Milch (lauwarm)
250 g Teebutter
180 g Zucker
17 g Salz
6 Dotter
2 ganze Eier
1 unbehandelte Zitrone
1 unbehandelte Orange

Hinweis:
Sämtliche Zutaten dürfen nicht kalt sein. (Butter rechtzeitig aus dem Kühlschrank nehmen und erst verarbeiten, wenn sie Zimmertemperatur hat.)

Mehl in eine Schüssel sieben und in der Mitte eine kleine Grube machen. Germ darin zerdrücken und in lauwarmer Milch auflösen, mit ein wenig Mehl „zudecken". Dann die Teigschüssel mit einem feuchten Tuch abdecken und den Vorteig („Dampfl") zugedeckt etwa ca. 20 Minuten an einem warmen Ort stehen lassen.

Orangen- und Zitronenschale abreiben.

Sämtliche Zutaten in die Schüssel geben und den Teig so lange mit der Küchenmaschine rühren oder von Hand kneten, bis sich der Teig glatt vom Schüsselrand löst und nicht mehr klebt.

Dann eine Kugel aus dem Teig formen und erneut in eine mit Mehl ausgestreute Schüssel geben, wieder zudecken und etwa 45 Minuten stehen lassen.

Schließlich den reifen Germteig in gewünschte Portionsgrößen teilen, runde Pinzen formen und auf ein mit Backpapier ausgelegtes Backblech setzen. Oberfläche mit Dotter bestreichen.

Weitere 60 Minuten an einem warmen, nicht zugigen Ort stehen lassen.

Jetzt die Pinzen mit der Schere oder mit einem Messer nach Wunsch einschneiden und bei vorgeheiztem Backrohr bei ca. 160 Grad backen.

Die Backzeit hängt von der Größe der Pinzen ab und kann zwischen 15 und 30 Minuten variieren. Wenn Sie unsicher sind, machen Sie die Nadelprobe.

Nadelprobe:
Stecken Sie eine Nadel oder einen kleinen Spieß in das Gebackene. Zieht man die Nadel heraus, darf kein Teig daran haften. Daran lässt sich erkennen, ob der Teig fertig gebacken ist.

Ricotta-Hirse-Gratin mit frischen Früchten

200 g Hirse
ca. 3/4 l Wasser
4 Eidotter
3 EL Vanillezucker
150 g Ricotta
1 unbehandelte Orange
250 g frische Erdbeeren
Salz, Zucker
ein paar Erdbeeren als Dekor

Hirse 6 – 7 Mal heiß waschen und mit einer Prise Salz im Wasser aufkochen. Dann auf kleiner Flamme ca. 20 Minuten ausquellen lassen.

Backrohr auf 220 Grad vorheizen.

Während die Hirse abkühlt, Ricotta mit Dotter und Vanillezucker verrühren. Orange waschen, ein wenig Schale abraspeln, Saft auspressen und unter die Ricottamasse rühren. Mit Zucker abschmecken. Hirse unterheben.

Erdbeeren putzen, vierteln und in einer gebutterten Auflaufform verteilen. Ricottamasse darüber gießen und glatt streichen, im Backrohr ca. 8 – 10 Minuten gratinieren und mit Erdbeeren garniert servieren.

Tipp: *Wenn Sie eine schöne goldbraune Kruste wollen, schalten Sie Ihr Backrohr 1 – 2 Minuten lang auf Grillstellung. Bleiben Sie aber daneben stehen, damit das Gratin nicht zu dunkel wird. (Je nach Ofen kann das Bräunen manchmal sehr rasch gehen.)*

Apfel-Polenta-Kuchen

1 kg Äpfel
400 g Maisgrieß
120 g Butter
1 l Milch
2 EL Honig
1 – 2 EL Zimt
Salz

Backrohr auf 180 Grad vorheizen.

Milch mit Butter, einer Prise Salz und Honig aufkochen. Maisgrieß einrieseln und unter Rühren aufkochen lassen.

Danach 10 Minuten auf kleinster Flamme ausquellen lassen (ohne Deckel).

Inzwischen die Äpfel schälen, entkernen, grob raspeln und mit dem Zimt mischen.

Polenta in eine rechteckige Auflaufform umfüllen und glatt streichen. Mit den Apfelraspeln belegen und ca. 30 Minuten backen.

Teff Brownies

250 g Teffmehl
250 g Butter
250 g Zucker
5 Eier
250 g Bitterschokolade
100 g gemahlene Haselnüsse
1 Pkg. Backpulver

Backrohr auf 150 Grad vorheizen.

Die Butter gemeinsam mit der Schokolade schmelzen und in eine Rührschüssel umfüllen, Eier und Zucker unterrühren.

Teffmehl mit Haselnüssen und Backpulver verrühren und ebenfalls unter die Schokocreme mischen, bis ein glatter Teig entsteht.

Ein tiefes Backblech mit Backpapier auslegen und den Teig gleichmäßig darauf verteilen.

Brownies ca. 60 Minuten backen.
Vor dem Servieren gut abkühlen lassen.

Gebratene Banane in Honig

Für eine Person

1 TL Süßrahmbutter
1 Banane
Zitronensaft
1 EL Honig
15 g gehackte Walnusskerne

Butter in einer Pfanne schmelzen lassen. Banane schälen und der Länge nach halbieren. Mit Zitronensaft beträufeln, damit sie sich nicht verfärbt. Den Honig mit den Walnüssen in die Pfanne geben und alles gut verrühren.

Banane zugeben und bei mittlerer Hitze von jeder Seite 1 – 2 Minuten braten.

Kirsch-Kokos-Scheiterhaufen

800 g Kirschen
2 Eier
500 g Magertopfen
2 Pkg. Vanillezucker
200 g Kokosmilch (z. B. Rapunzel)
16 Scheiben glutenfreier Zwieback (z. B. Werz oder Schär)
Orangensaft

Backrohr auf 180 Grad vorheizen.

Kirschen waschen und entkernen. Dabei den Saft auffangen. Magertopfen mit Eiern, Zucker und Vanillezucker gut verrühren. Kokosmilch untermischen und einen Teil der Topfenmasse in einer großen, flachen Auflaufform verstreichen. Zwiebäcke darauf verteilen. Den aufgefangenen Saft der Kirschen mit Orangensaft auf 100 ml ergänzen und die Zwiebäcke damit beträufeln. Dann die Kirschen darüber geben und zuletzt wieder eine Schicht Topfenmasse darüber streichen.

Auf mittlerer Schiene ca. 25 Minuten backen.

Tipp: *Wenn Sie eine schöne braune Kruste auf Ihrem Scheiterhaufen wollen, schalten Sie kurz vor Ende der Backzeit auf die Grilleinstellung um (je nach Backrohr 1 – maximal 3 Minuten).*
Sie können den Auflauf mit verschiedenen Obstsorten ausprobieren.

Bananenkuchen

Rezept von Johann Pabst

Für 1 Backblech (25 x 30 cm)
225 g Bananen
250 g Zucker
Prise Salz
Vanillezucker
Zitrone
2 Eigelbe
20 g Obers flüssig
80 g Öl
2 Eiweiß
10 g Zucker
Prise Salz
120 g glutenfreies Mehl
225 g geriebene, geröstete Haselnüsse

Die passierten Bananen mit Zucker, Salz, Vanillezucker und Zitronenschale verrühren. Eigelbe, das Obers und das Öl in die Masse einrühren.

Inzwischen das Eiweiß mit den 10 g Zucker und einer Prise Salz steif schlagen und mit den Haselnüssen und dem glutenfreien Mehl vorsichtig unterziehen.

Diese Masse auf ein Backblech mit Butterpapier aufteilen und bei 180 – 190 Grad ca. 20 Minuten backen. Mit einer Zuckerglasur übergießen und kalt stellen.

Tipp: *Diesen Bananenkuchen kann man auch aprikotieren (= das Bestreichen des noch backofenwarmen Kuchens mit Marillenmarmelade) und mit Bananen oder anderen Früchten belegen und mit Fruchtgelee überglänzen.*

Maroni-Crêpes

160 g Kastanienmehl
250 ml Milch
2 Eier
1 Eigelb
Salz
Butter
Maronencreme
Pinienkerne

Aus Kastanienmehl, Milch, Eiern, dem Dotter und einer Prise Salz einen glatten Palatschinkenteig rühren.

Wenn die Masse zu fest wird, kann man etwas mehr Milch nehmen – oder den Teig nach Geschmack mit dem Saft einer kleinen Orange strecken.

Butter in einer Pfanne schmelzen, darin dünne Crêpes herausbacken.

Crêpes mit Maronencreme bestreichen, mit Pinienkernen bestreuen und einrollen.

Glutenfreier Marmorkuchen

250 g glutenfreie Mehlmischung (z. B. Schär, Mantler, Hammermühle, Wiechert)
200 g Staubzucker
1 Pkg. Vanillezucker
200 g Butter
7 Eier
Rum (nach Geschmack)
1 unbehandelte Zitrone
1/2 Pkg. glutenfreies Backpulver (z. B. Dr. Oetker oder Alnatura Weinsteinbackpulver)
3 EL Kakaopulver (z. B. Rapunzel, Naturata)

Backrohr auf 200 Grad vorheizen. Die Schale von der halben Zitrone abreiben. Eier trennen. Das Eiklar zu einem steifen Schnee schlagen. Dotter, Butter, Staubzucker, Vanillezucker, etwas Rum und abgeriebene Zitronenschale zu einer schaumigen Masse verrühren.

Das Mehl mit dem Backpulver mischen und unter die Masse heben. Zuletzt den Eischnee unterheben.

Einen Teil der Teigmasse in eine befettete und bemehlte Kuchenform geben.

Den zweiten Teil des Teiges mit Kakao mischen und auf den hellen Teig streichen.

30 – 40 Minuten backen.

Tipp: *Wenn Sie den Marmorkuchen für Kinder zubereiten, lassen Sie den Rum weg.*

Kokospudding mit Sago

Ein Rezept aus Malaysia

250 g Sago
250 ml cremige Kokosmilch (z. B. Rapunzel)
1 Stück (ca. 2 cm) Ingwer
2 EL Zucker
130 g Rohrzucker
1/2 Ananas
Salz
250 ml Wasser

Bringen Sie etwa 1,5 Liter Wasser mit einer Prise Salz und Kristallzucker zum Kochen.

Sago unter fließendem Wasser waschen, abseihen und in das kochende Wasser einrühren. Etwa 30 Minuten unter ständigem Rühren köcheln lassen, bis die Sagokügelchen durchsichtig werden. Dann abgießen und schnell mit kaltem Wasser abspülen.

Masse in kleine Puddingformen oder Schüsseln umfüllen und kalt stellen.

Unterdessen die Kokosmilch aufkochen, den Ingwer darüber reiben, Topf vom Herd ziehen und abkühlen lassen.

Den Rohrzucker mit 250 ml Wasser zu einem dickflüssigen Sirup einkochen.

Die Ananas schälen, den Strunk in der Mitte entfernen und das Fruchtfleisch in ca. 1 cm dicke Scheiben schneiden. (Am einfachsten geht das, wenn Sie einen Ananas-Schneider verwenden.)

Den Sago-Pudding auf Teller stürzen und mit Ananasscheiben garnieren. Mit Kokosmilch beträufeln und servieren.

Tipp: *Der Kokospudding ist nicht nur gluten-, sondern auch laktosefrei!*

Kleines Küchenwörterbuch

Österreichisch	Deutsch
Backrohr	Ofen
Bröseln	Paniermehl
Eidotter	Eigelb
Faschiertes	Hackfleisch, (Rinder-)Hack, Hackfleischteig
Faschierte Laibchen	Frikadellen
Fisolen	Grüne Bohnen
Fleischer	Metzger
Gelbe Rübe	Gelbe Möhre
Germ	Hefe
Karfiol	Blumenkohl
Karotten	Möhren
Kekse	Plätzchen
Knödel	Klöße
Kohlsprossen	Sprossenkohl, Rosenkohl, Brüsseler Sprossen
Laibchen	Bratlinge
Melanzani	Auberginen
Palatschinken	Pfannkuchen, Crêpes
Polenta	Maisgrieß
Rote Rüben	Rote Beete
Sauerrahm	Saure Sahne
Schlagobers	Schlagsahne
Staubzucker	Puderzucker
Suppe	Brühe
Suppenwürfel	Brühwürfel
Topfen	Quark
Vogerlsalat	Feldsalat (Schweiz: Nüsslisalat)